PATCHWORK

KARINE SCHAUB

PATCHWORK

© 2020, Karine Schaub
Edition: BoD - Books on Demand
12/14 rond-point des Champs-Elysées, 75008
Paris
Impression: BoD - Books on Demande,
Norderstedt, Allemagne
Dépôt légal : mai 2020.

ISBN 9782322211777

MERCI

Daniel, Zoé, de votre présence dans les murs
de ma vie, de m'y regarder grandir avec amour
et bienveillance.

Joëlle Comte et Vivianne Costa d'avoir partagé
de votre temps à la relecture du livre.

Alexandre Peraldi pour le graphisme de la
couverture, pour tes idées, ton sens artistique,
ta patience !

Merci Isabelle Wachsmuth, Philippe Renaud,
Valérie Bochaton, pour votre créativité, vos
pensées, votre temps, votre énergie.

Grégoire d'avoir nourrit ce livre de ta préface,
de ta présence dans nos vies.

PREFACE

Etoile de l'Ohio

Comme un symbole de cette étoile, le titre est la trace de moult expériences et de pensée façon étendard chevaleresque en prenant des bouts de vie et de parole l'un sur l'autre pour la création d'un ouvrage unique.

Un patchwork c'est un voyage. Le voyage d'une vie et de ses expériences, importantes ou futiles. Celui qui vous fait avancer et vivre de nouvelles expériences et qui se penche sur celles déjà vécues. L'expérience est une ride qui vient rarement avant le temps comme dirait l'autre.

C'est aussi les gens, les rencontres, dont celle de Karine il y a maintenant trente ans. Depuis les bancs d'école et les rires complices, jusqu'à l'écriture de son premier livre. Toujours brillante dans le verbe et la communication, l'écriture de ce dernier ne m'étonne pas, de ne pas l'avoir écrit, m'aurait au contraire, cette fois-ci, étonné.

Les expériences nous mettent au défi d'affronter nos peurs. Une totale découverte de soi-même. Elles permettent de comprendre ce qu'être en vie, dans ce monde, signifie vraiment, et d'en faire une philosophie de vie. Toutes ces expériences sont un patchwork. De sa vie. Notre vie. La vie. Le patchwork c'est aussi ses aspects, les différents styles de vie, propre à chacun, flexible ou rigide, ouvert ou fermé, jaune ou bleu.

Le Patchwork au sens propre de son terme anglophone se traduit comme de petits morceaux et le travail. Finalement, des morceaux de vie, des morceaux de rêves aussi :

Se prêter à la vie, est-ce là vraiment vivre ?
D'un regard détaché tout voir sans rien saisir ;
Comme un tableau charmant admiré sans désir,
Contempler tous les biens dont le monde s'enivre,
Et ne rien demander, pas même le plaisir,

C'est rêver. — Or, la vie est semblable à la femme.
Pour qu'elle nous sourie il faut la courtiser ;
Il faut l'aimer de cœur pour qu'elle ouvre son âme,
Et pour la bien connaître il la faut épouser.

La part du rêve de Henri-Frédéric Amiel, 1863

Selon Freud, l'interprétation des rêves est la voie royale qui mène à la connaissance de l'inconscient. Le rêve, loin d'être d'un phénomène absurde ou magique, possède un sens : il est l'accomplissement d'un désir.

Patchwork est un rêve littéraire qui tisse sa correspondance avec son lecteur, ce qui en fait sa beauté et son utilité.

Comme le titre qui a choisi Karine, le livre, lui, vous a choisi à son tour. Chacun en aura sa propre vision, sa propre lecture, ses mémoires de vie et de rêves, et, en définitive, beaucoup de belles questions.

Grégoire Mojon

« Présentation »

Faut-il dans un livre se présenter comme l'on se présente dans la « vraie vie » ? Me présenter...mais comment ? Qu'ai-je à offrir à ce monde, moi humaine lambda ? Aucune réponse, beaucoup d'hypothèses et des tonnes de questions!! Au fil de ces lignes, vous comprendrez la difficulté que je peux avoir avec ce genre d'exercice. Autant vous présenter le pourquoi de ce titre...

Patchwork parce que je ne saurais dire quand je me suis divisée. Parce que c'est ce que je suis. Un assemblage pas toujours symétrique de bouts de vie, d'expériences, de rires, de joie, de peine, de souffrance (comme tout un chacun). Un mélange dysharmonieux de peur, de courage, de doute, de confiance. Un tout pas toujours cohérent mais qui inlassablement avance chaque jour un peu plus. Un patchwork pour résumer, tant bien que mal, 44 ans de vie, d'interrogations, de doute, d'eureka, de fatigue, de lassitude, de grâce. Un portrait condensé de la manière dont mon esprit peut vagabonder, chercher, creuser, explorer.

Ce patchwork est également composé des autres. Un grand merci à tous ceux qui ont croisé ma route, fait partie de ma vie, de façon passagère ou plus longuement. Un grand merci à tous d'avoir accompagné mes errances, guidé mes indolences, observé avec bienveillance mes folies. Un grand merci pour votre amour ou votre désamour.

Merci d'avoir heurté mes idées, mes croyances. Merci de m'avoir aidée à voir mes limites. Peu importe la manière dont nos routes se sont croisées puis décroisées, j'ai appris et grandi à votre contact, merci.

Un grand merci à tous ceux que je ne connais pas de participer et contribuer à ce patchwork sociétal fait d'un morceau, d'un bout de chacun de nous.

Un grand merci à moi-même ! D'avoir osé penser à faire publier ces lignes. Merci de m'être perdue, détestée, haïe. Merci d'avoir appris à m'aimer. Merci d'avoir entamé cette quête de moi.   Merci d'avoir su m'écouter. Merci d'avoir su pleurer. Merci d'avoir su Etre.

Et pour finir, un grand merci à cette magie qui fait que l'alchimie de ce patchwork opère et que tous nous avancions, parfois aveuglément, mais malgré tout, toujours ensemble, vers un but commun.

« …. et j'ai finalement pleuré »

L'interrogation est toujours la même, qui suis-je pour exprimer, partager mes expériences. Je ne suis personne et chacun de nous à la fois. Ai-je plus de crédibilité qu'un autre, ce que je touche est-il plus juste ? Est-ce simplement teinté d'une parcelle de vérité salvatrice et guérisseuse. Il m'est difficile de déterminer précisément la chronologie qui a mené à la naissance de ces mots. J'ai bien des moments-clés (comme chacun de nous). Des grands virages, des grandes désillusions, solitudes, souffrances pour autant je ne saurais déterminer lequel de ces moments a été un départ précis, une prise de conscience. Comme si ma vie n'est qu'une longue suite d'enchaînés/fondus. Cette sensation que ce voyage a commencé bien avant mon premier souffle ici-bas. J'ai eu tellement de fois la sensation d'étouffer dans ma vie, d'y être enfermée, de crier de rage sans qu'aucun son ne sorte de ma gorge. Une agonie lente et douloureuse à ne pas exprimer celle que je suis, à répondre à ce que je pense qu'on attend de moi. Une telle peur du rejet, de l'abandon que peu importe le prix j'avais décidé de le payer.

« Polarité »

Et un jour la polarité des valeurs s'inverse. Et cette partie de nous que nous étions d'accord de sacrifier jusque là face à nos peurs se réveille et essaie de se faire entendre.

C'est alors que ce prix payé durant toutes ces années nous semble si lourd, si cher pour une acceptation, des autres, dans le fond illusoire. Pourraient-ils nous accepter tels que nous nous présentons et non pas comme ils souhaitent que nous soyons ?

D'une certaine manière tant que nous sommes dans cette comédie de la représentation, tant que nous sommes prisonniers de nos illusions, nous ne pouvons en définitive que ressentir une profonde solitude mais non parce que les autres nous rejettent mais plutôt parce que nous rejetons cet essentiel en nous.

Nous rendons muettes nos aspirations, nos illuminations. Nous piétinons le beau et le vrai qui cherche à jaillir de nous. Nous assombrissons notre rayonnement pour nous noyer dans notre propre ombre pensant naïvement que nous pouvons malgré tout éclairer celle des autres.

« Voiles »

Il est des voiles qui se déchirent de manière plus douloureuse que d'autres. J'ai longtemps essayé (j'essaie encore) de remettre le doigt sur la première croyance, étiquette, vérité que l'on a posée sur moi et que j'ai fait mienne. Etait-ce mes parents ? L'école? La société ? Peut-être que si je n'avais adhéré à cette première étiquette alors les autres ne seraient pas venues se rajouter comme un fardeau de plus en plus lourd. Je réalise, aujourd'hui que même les étiquettes « positives » peuvent amener une forme de souffrance. Il a toujours été dit de moi que j'étais joyeuse et drôle (ce qui n'est pas un mensonge) mais ces deux points ont tellement été mis en exergue chez moi que lorsque je ressens de la tristesse, de la peine, je ne m'écoute pas puisque ce n'est pas moi qui peux ressentir cela... après tout, je suis si joyeuse et drôle. Par croyance, j'ai passé une partie de ma vie à ne pas écouter cette partie de moi qui n'est ni joyeuse, ni drôle, qui existe, est présente et que j'ai tant ignoré auto-générant des souffrances et des solitudes inimaginables dans ma vie.

Plus je luttais pour correspondre à l'image que l'on avait de moi et que j'alimentais plus je mourrais intérieurement. Je finissais par détester ceux pour qui je luttais, je les haïssais de ne pas voir ma douleur. Je me suis haïe de ne pas avoir la force de leur dire « regardez moi pour qui je suis et rien d'autre ». Je me suis tuée à refouler toutes ces larmes, tous ces mots que je ne laissais vivre ni sur le

papier, ni oralement, comme si les prononcer, leur donner vie aurait à jamais anéanti une représentation que j'avais de moi. J'ai eu, si longtemps, peur de faire ce pas, peur de laisser couler ces larmes, vivre ces maux.

« Néant »

Lâcher tout ce qui me représente ? Pour me retrouver avec quoi, avec qui, moi ? mais qui suis-je ? Qui voudrait vivre avec une inconnue, cohabiter avec un néant absolu de celui qu'il/ qu'elle est. Si je ne peux répondre à « qui suis-je » ceci inclut-il que je ne suis que représentation du néant ?

Sommes-nous obligés d'être définis pour exister ? Exister est-ce être en vie ? L'équation est-elle aussi simple que cela ? Si je sors de mes enfermements psychologiques sur mes représentations du monde et de ma place au sein de ce monde, si je sors de ce labyrinthe de pensées alors quel monde m'attend ? Peut-il être plus effrayant que celui que je perçois aujourd'hui ? Quelle partie de moi exprime, cherche, explore ses pensées ? Qui est-ce qui cherche à prendre vie ? Et si ce n'était qu'une illusion de plus que je mettais en place ?

Si je m'amusais à lister toutes les étiquettes dont j'ai hérité, que l'on m'a collé, dont je me suis affublée et qu'en toute honnêteté et impartialité j'en cherchais la résonance, la dupliquance avec ce que je ressens, pressens de qui je suis aujourd'hui ….alors soyons sincère je n'aurais personne à vous présenter. Karine ne serait qu'une coquille vide qui s'habille et s'orne au bon vouloir de ce que la société, les personnes qui la composent ont pu attendre de moi enfant, adolescente, femme… Un vide cosmique dans lequel rien de l'essentialité de celle que je suis ne viendrait prendre vie. Je crois que le plus difficile dans tout cela c'est de réaliser en écrivant ces lignes que ce jeu auquel je me suis prêtée (comme chacun de nous) je ne me suis pas contenté d'y jouer aveuglément mais j'en ai été maître du jeu envers d'autres. J'ai moi aussi collé des étiquettes, fait de croyances des vérités absolues, imposé ma vision du monde, étalé mes labyrinthes pensant amener plus de liberté et de mieux être à l'autre. Quelle ironie quand j'y pense.

« Vertiges »

Ce grand écart permanent entre une toute puissance et une insignifiance, ça finit par donner le vertige. Je ne sais, ne connais plus grand chose du monde qui m'entoure ou de moi. Cette sensation d'être suspendue dans ce vide et d'attendre… mais attendre quoi ? Qui ? L'autre ? Cet autre serait-il extérieur à moi ou serait-il expression de mon intériorité ? Plus j'observe autour de moi, plus je vois que nous nous débattons tous avec nos interrogations, nos doutes. Nous recherchons tous désespérément un sens à nos vies, à ce monde. Aujourd'hui je nous regarde avec bienveillance, avec une forme de beauté également. Nous sommes de beaux individus constituant une belle société oeuvrant au sein d'un système… nous tombons, trébuchons, pleurons, crions mais toujours nous avançons, nous cherchons, nous explorons…

« Habille-toi »

Nous nous collons tant d'étiquettes que bien souvent nous oublions de nous coller et de nous enfermer dans une étiquette de l'ordre de l'essentiel, celle de l'Amour. Qui s'est déjà entendu dire « Toi, tu es Amour ». Ce sentiment, ce mot est omniprésent dans nos vies et pourtant jamais nous ne nous l'approprions, nous ne nous habillons que rarement avec. Ne serait-il pas de bon ton d'en faire notre unique peau… Nous sommes Amour. Le moindre atome qui nous compose est une ode à l'Amour. Nous sommes son expression, son bras armé. En son nom nous sommes capables de tout changer dans nos vies, dans ce monde.

Nous passons notre vie à chercher l'amour en dehors de nous. L'Amour vient des autres, on le reçoit et on le donne aux autres mais qu'est-ce qui fait que jamais nous ne nous l'attribuons ? Est-ce parce que nous faisons l'amalgame entre le sentiment amoureux (extérieur) et l'Amour (intérieur). Est-ce « faux » de s'aimer ? Je réalise que je ne sais rien de l'Amour si ce n'est cette conviction que si tout ce que je fais dans ma vie ne l'est

pas en son nom, si je ne suis pas au service de l'Amour, alors à quoi bon ? Quel sens à ma vie si toutes ces illusions, ces croyances, ces enfermements ne prennent pas fin pour que l'Amour que je me porte s'exprime enfin dans tous les pans de ma Vie ? Et en même temps comment avoir une telle conviction alors que j'ignore si je n'ai jamais exprimé, mis à mort des schémas par amour de moi …

« ça n'était toujours pas de l'Amour »

La confiance en Soi n'est pas l'amour de Soi. La confiance en Soi c'est être dans le courage, l'autonomie, la liberté, l'affirmation, l'indépendance mais on apprend pas à s'aimer parce qu'on a une meilleure image de Soi. J'ai été dans l'illusion qu'enfin je m'aimais parce j'avais finalement développé confiance en moi. Je ne me déteste pas mais pour autant je ne sais pas m'aimer. C'est comme si je ne ressentais rien envers moi-même, un vide absolu de sentiments qu'ils soient « négatifs » ou « positifs ».

A ce jour je ne sais toujours pas ce que m'aimer signifierait vraiment dans mon quotidien, dans ma vie… Est-ce que penser que l'on mérite mieux, est-ce que s'autoriser de la liberté dans sa vie, se rendre libre de ses choix est l'expression d'un amour de Soi? Si je pars du postulat que l'Amour est sans attentes ni espérance alors tous ces mouvement apportent du mieux être et sont importants mais leur impulsion n'est pas l'Amour de Soi. Qui estime mériter mieux, avoir le droit, etc … ? C'est à nouveau une représentation, un peu plus élevée, éveillée que nous avons de nous qui s'exprime mais ça n'est toujours pas l'Amour.

S'il y a un plan pour amener sur terre, dans notre société, dans nos vies l'Amour alors quel est-il ? Comment exprimer, amener ce que nous ignorons ? Au mieux, nous sommes dans un sentiment amoureux. A quoi peu bien ressembler une vie dans laquelle l'Amour s'exprime. A quoi ressemble une société où chaque Etre qui la compose est dans l'Amour de Soi, ou il n'y aurait plus besoin d'aller chercher chez l'autre cet amour.

Nos relations ne seraient-elles pas plus justes, plus harmonieuses ? Si vraiment nous étions dans l'Amour alors notre pouvoir ne s'exprimerait-il pas enfin dans nos vies ? Aurions-nous encore besoin que d'autre prennent nos responsabilités, décident pour nous. Laisserions-nous les commandes, les reines de nos vies à d'autre ou ensemble oeuvrions-nous dans une volonté de bien? Si vraiment je m'aime et ai confiance en moi alors l'autre n'est plus un danger, un inconnu qui me fait peur, je peux l'accueillir pour ce qu'il est est, sorti de tout préjugé et notion territoriale.

« Perspectives »

Tout dans nos vies est-il question de perspective ? A mon niveau personnel toutes ces interrogations ont un sens, peuvent être justes mais si je place le quotidien de ma vie dans quelque chose de plus vaste, de plus grand que moi alors quel goût tout cela prend-il ? A quoi sert ma vie, ses expériences ? Je comprends qu'individuellement je participe à quelque chose mais à quoi ? C'est quoi le but de notre système à travers la terre, l'humanité, les individus ? Parfois me dire que je n'aurai jamais la réponse m'effraie et me renvoie à quelque chose de figé dans ma vie.

Si je ne comprends pas pourquoi, en quel nom faire le chemin alors je reste, comme suspendue dans le vide, en attente de retrouver ma vivance. Si je suis expression de la vie alors qu'est-ce que j'exprime depuis 44 ans sur cette terre ? C'est quoi mon message ? Comment j'aide, comment j'accompagne? Qu'est-ce que je transmets pour que l'éveil se fasse.

« Souffrance ou liberté»

Je voudrais hurler de colère ou de désespoir je ne sais pas bien. Cette sensation d'être enfermée dans l'étroitesse de pensée de ma vie m'assassine. Comment exprimer celle que je suis si je ne sais pas qui je suis. J'ai pendant tellement longtemps été dans le contrôle que les larmes sont là et pourtant ne coulent pas.

Par moment, je suis fatiguée et à d'autres émerveillée par ma vie, ses changements, ses voltes face... Dans cette douleur, cette souffrance que j'écris il y a une telle sensation d'être en Vie, de ressentir ce monde si intensément que je ne peux être que gratifiante pour tout cela... Même si torturée ou douloureux c'est une chance incroyable, une richesse absolue de se poser toutes ces questions. Penser sa vie ça a quand même quelque chose de magique, non ?

« Unité »

Est-ce vraiment que je n'ai pas de place dans ce mode ou est-ce moi qui rejette ce monde et la place que je pourrais y avoir ? Par moment je souffre vraiment de me sentir différente, isolée, incomprise mais plus ça va plus je me demande si ce n'est pas moi qui maintiens ou plutôt érige ce mur, cette cloison avec les autres. N'est-ce pas moi qui les juge incapables de me comprendre, de me rejoindre dans mon univers. J'oppose leur réalité à la mienne. Ce ne sont pas eux qui me maintiennent à distance. C'est moi qui ne les approche pas incapable de concevoir l'unité autrement qu'en un simple mot actuellement.

J'expérimente le séparatisme en espérant qu'il me mènera à l'unité. Il y a peut-être aussi une part d'arrogance et d'élitisme, une non envie de lâcher qui je suis à ce jour. Baisser la garde, briser le mur, rejoindre l'ensemble alors c'est perdre mon unicité, mon originalité. C'est perdre « Karine » pour devenir une Karine à titre collectif et non individuel. Qui suis-je individuellement si je ne suis pas capable d'être collectivement ? Et pourtant pour fusionner avec l'ensemble il faut se définir et s'ancrer en tant qu'individu, sinon ne risquons-nous pas de nous perdre de vue dans cet ensemble ? Mettre nos qualités au service de l'ensemble inclut qu'il nous faut les connaitre et les avoir développées. Qu'est-ce qui nous unit les uns aux autres, dans quoi nos interactions prennent-elles racines ?

« Instant T »

Ça nous est à tous arrivé d'avoir quelqu'un devant les yeux pendant des années et le voir pour la première fois à un moment T de nos vies. Sans rien attendre, comme juste ouvrir une parenthèse dans notre quotidien avec cette personne. Quelle fréquence vibre au point de nous « unir » ? C'est comme une découverte mutuelle de l'autre qui pourtant est la depuis si longtemps. Qu'est-ce qui a résonné ? Notre souffrance ? Notre recherche du qui ? Du quoi ? Du pourquoi ? Du comment ? Notre besoin d'autonomie ? Notre volonté de nous détacher des étiquettes ? Notre indolence ? Nos affirmations ? Nos doutes ? cette liste parait infinie. Un moment suspendu ou au milieu des autres on ne peut être que deux et de la vibration magnétique de ces « deux » ne faire qu'UN. Un souffle, une respiration, un rythme concordant aux battements de cil, échanges des regards. De cette recherche du « vois moi … je te vois ». Ne cherche pas à exprimer qui tu es… sois simplement, tout comme je ne cherche pas à exprimer avec toi mais juste être… sois cette parenthèse, cette géométrie, cette répliquance de la perfection de l'expression de cet univers que nous créons.

« Gardien du seuil…ou pas »

Suis-je vraiment en train de passer la « crise du gardien du seuil » ? Il m'est tellement difficile d'affirmer ou d'infirmer ce genre de chose. Est-ce parce qu'on me l'a dit que je mets en place, inconsciemment, un mode de pensée qui confirme cette crise ou est-ce vraiment parce que je la traverse que l'explication m'est donnée ? J'ai fortement conscience qu'il ne s'agit pas de ce que moi, Karine, je veux faire, ce qui a du sens à mes yeux mais bien au niveau collectif que l'interrogation se fait. Me vient en écrivant ces lignes, sur ma lutte intérieure, « je pense que je ferais une bien mauvaise fourmi », bien trop attachée à ma personne. Je réalise également la force de mon égo, sa volonté à ne pas lâcher qui, il pense être.

Je me demande si cette autre partie de moi qui appelle à aller vers ce bien commun a autant de force et de volonté que mon égo. Je la sens plus douce mais pas moins déterminée, une forme d'assurance tranquille sur le fait que j'irai où je dois aller pour l'ensemble. Comme si je posais un regard, un autre regard, sur moi, mes agitations, un regard plein de tendresse et de douceur pour mes résistances et mes peurs.

Quelle profonde tristesse je ressens chaque fois que je comprends que c'est au-delà de moi, que tout ceci me dépasse et qu'il s'agit simplement de faire ma part. Je m'accroche désespérément à tout ce que je peux de cette ancienne vie, ses mécanismes, sa structure et paradoxalement plus je m'accroche, plus tout s'effondre. Plus aucun de mes systèmes de croyance ne tient la route, ne me réconforte, ne m'abrite de mes peurs. Plus aucun refuge où cacher celle que je suis. Etre face à soi c'est par moment terrifiant et en même temps magnifique de se découvrir si pleine de courage, de clairvoyance, de justesse, de bienveillance et d'accueil.

Si j'étais une équation je me demande laquelle je serais. Quelle géométrie est-ce que je porte ? Quel ratio du système je représente ? Suis-je autonome dans mes pensées ou suis-je encore dans ce labyrinthe étroit et étouffant ? Peut-être que tant que je chercherai à en sortir je me maintiendrai dedans et que c'est une fois de plus, en lâchant en ne voulant pas faire mais en étant que tout se débloque, s'ouvre. Qu'une vision plus large, plus pérenne s'installe.

« C'est par où la sortie ? »

Comment sortir de nos représentations et pour rentrer dans quoi ? Bon sang à quoi participons-nous? Cette question peut-elle rendre folle ? Le faisons-nous en tant qu'humanité ou planète terre. Qui sommes-nous ? Que sommes-nous ? La résultante d'une équation, dont nous ignorons le calcul, la géométrie, le sacré.

J'ai de la difficulté à penser le monde, à en avoir une vision géométrique et pourtant je suis convaincue que cette géométrie existe (pré-existe même) qu'elle est bien là, même si je ne la vois pas. C'est peut-être par ça que les fractales me semblent si belles, si détentrice d'une vérité.

Au commencement était le son, est-ce le premier mouvement ? Le son, donc la vibration créé la forme. La forme représente notre réalité. Changer notre perception de la réalité c'est augmenter la vibration. A quoi ressemblerait ce monde, cet univers si la vibration était plus sensible, fine, épurée... serai-je telle que je suis là maintenant ? A quoi ressemblerait ma fille ? Aurions-nous encore une quelconque substance physique ? Accepter la potentialité de son inexistence physique est-ce seulement envisageable ? Si l'on accepte l'idée que tout ce que nous voyons ne dépend que du taux vibratoire de nos yeux alors l'instabilité de cette réalité est-elle effrayante ou tout simplement magique ?

Cela semble si simple de pouvoir en un « claquement » de doigt changer notre réalité. Tout ceci dans le fond ne tient à rien ou plutôt à pas grand chose. Juste une vibration ... quand on y pense. Toute notre perception du monde ne dépend que de cela.. c'est presque d'une futilité affligeante. Tant de questionnements, tant de tourments qui peuvent être balayés en quelques secondes juste par une « constante génétique » . Quel serait ce monde pour quelqu'un qui naitrait avec un nerf optique vibrant à moins, ou plus de 0,8 ??... comment pourrions-nous soutenir à cette personne que sa vision du monde est fausse, tronquée... comment nous verrait-elle? Serions-nous effrayants ou simplement au plus près de ce que nous sommes réellement ? La beauté aurait-elle les mêmes critères, ce monde serait-il plus juste plus équitable, plus éthique si nous le percevions différemment ? L'harmonie et l'intelligence s'y exprimeraient-elles différemment ?

Si nous sommes ce monde alors pourquoi notre simple volonté de le faire évoluer n'est-elle pas suffisante ou assez forte ? Que nous manque-t-il ? Sommes-nous la singularité mathématique de cet univers ? Si je suis au-delà d'une réponse à ma vie alors à quoi je cherche à répondre ?

«L'autre »

Comment puis-je avoir la sensation, penser que je t'ai attendu « toute ma vie ». Ça a quelque chose de dingue de me dire que ce « nous » n'est pas réaliste. En même temps comment est-ce que cela pourrait l'être puisque tu n'es pas là. Existes-tu ailleurs que dans mes désirs, mes fantasmes ? Est-ce cet autre moi que je cherche à travers toi ? N'es-tu que la représentation extérieure de cette unité intérieure qui s'installe, qui prend vie ? Es-tu cet autre ? Suis-je cet autre ? Qui sommes-nous, que sommes-nous ? Est-il fou d'y croire, de l'espérer, de le rêver, d'en avoir le goût, de le matérialiser ? Et si « nous » c'était un autre moi ? Je me sens remplie de ta présence et en même temps vide de toi ou est-ce vide de moi ? Est-ce toi ? Est-ce possible ? Si la moindre des pensées que je t'associe n'est pas folie pure. Nous ne serions pas de l'ordre du chaos mais du cataclysme. Nous penser me semble déjà braver un tel interdit alors comment concevoir la plausibilité de la concrétude de ces pensées ? Suis-je à ce point seule, désespérée que je fasse de toi, cet autre ou l'es-tu vraiment ? C'est si compliqué de faire le tri entre ce que je ressens, projette, désir, rêve, fantasme. Finalement, si cet autre que nous cherchons tous était de l'ordre de l'illusion de nos attentes, de nos projections?

« Manipulation »

Qu'est-ce que le désir, l'envie, le goût ? Je me sens si vide de tout cela actuellement. Par réflexe, je cherche et observe à l'extérieur ce qui, ceux qui pourraient éveiller cela en moi. Est-ce juste de leur faire cela ? Leur mettre sur les épaules mon besoin d'être en vie ou celui de me sentir en vie.

Leur demander d'activer ma vivance par leur présence ? Il y a manipulation dans les rapports. Si je vais vers les autres parce que j'attends d'eux de ressentir cette vivance, de me sentir belle, aimée, alors j'interagis avec eux pour les mauvaises raisons.

Pourquoi je n'arrive pas actuellement à éveiller tout cela en moi ? A quelles ressources intérieures dois-je faire appel ? Si je traverse cette expérience c'est que j'ai la force et la volonté pour la transmuter. Ce genre de tourments, de réflexions, me font me dire à nouveau que tout ceci a de l'importance à mon niveau personnel mais qu'en terme de système tout cela se vit différemment.

Les émotions, les ressentis que je peux éprouver en traversant ceci ne sont pas essentiels dans l'expérience en tant que tels. Tout ce que je vis n'est ni facile, ni compliqué, ni bien, ni mal, c'est…. tout simplement. Coller des émotions ou des ressentis à ce que nous vivons c'est comme estimer que dans une équation certaines informations seraient meilleures que d'autres ou plus difficiles à traiter. Dans nos vies nous faisons toujours cela, nous adjoignons une valeur sentimentale à une expérience, pourtant en termes purement mathématiques nous réalisons le non sens et l'absurdité de cette démarche.

« J'ai pas les mots »

Je cherche et explore de nouvelles choses. Je me laisse guider par des sons qui éveillent en moi une forme de joie, de légèreté et de liberté. Un coté de plus en plus artistique cherche à s'exprimer. Envie, non plutôt besoin d'écrire, de peindre, de musique… je voudrais exprimer tout ce que je ne peux ou ne sais pas exprimer avec des mots d'une manière différente. Si j'étais un tableau, une peinture comment serais-je ? Quel contour aurais-je, quel sens aurais-je, de quelle couleur je m'habillerais. Si j'étais une musique, quelle tonalité aurais-je, serais-je joyeuse et légère ou sombre et triste ?

Si j'étais des mots lesquels serais-je ? A plus grande échelle si nous envisageons notre système, notre univers comme une grande toile de fond alors quelle oeuvre sommes-nous en train de créer ? Quelle forme lui donnons-nous ? En sommes-nous les artistes ou sommes-nous le produit d'une créativité qui nous dépasse ? Que cet univers soit pensé en termes artistique, mathématique ou géométrique force est de constater qu'il y a toujours un vide dans la toile, un inachevé, une singularité, un oubli.

« Chez moi…ou pas »

Comment comprendre que je fais partie de ce monde, de cette vie si déjà je n'y trouve pas ma place, non pas que d'autres m'empêchent de la prendre! Ça vient vraiment de moi. Est-ce que je maintiens les autres à distance ou est-ce que je me refuse, par peur, à franchir ce pas qui mènerait à eux, à notre résonance, notre unité. Notre monde m'effraie certainement parce que je m'effraie de par mes doutes, mes préjugés, mes enfermements, mes inhibitions, ma lâcheté, mon insignifiance, ma misérabilité… et en même temps je suis une belle personne, sensible, faible et forte à la fois, pleine de nuances et de douceur, aimante, pacifiante, accueillante. Pourquoi m'est-il si difficile de me présenter au monde ? Comment dresser un portrait de Soi quand le moindre trait qui définit nos contours nous fait honte ou nous paralyse dans l'expression de son égoïsme. Comment rêver d'un monde plus juste, merveilleux et accueillant quand le reflet de ce qui compose ce monde peut-être si laid ? Nous sommes pourtant capables de tant de beauté et de bonté, d'ou vient ce bug général et collectif ? Ces interrogations me semblent si veines face à l'incertitude de ce qui meut notre univers. La terre se demande-t-elle quel est son plan ? A quoi, à qui elle répond ? Un ordre plus juste ? Quelque chose dans cette mécanique m'échappe. Suis-je prête à me lâcher pour enfin me découvrir, m'accueillir et participer consciemment à cette grand oeuvre qu'est la vie ?

« Encrage »

Et si même nos illusions n'étaient pas présentes et que ce point d'encrage pour définir la véracité de notre monde n'existait tout simplement pas ? Que nous reste-t-il ? Peut-on se dépouiller de toute mécanique, de toute structure de pensée ? Est-ce ces capacités à penser, analyser qui nous rendent vivant, concret ? A quoi tient ma présence en ce monde ? Quelle en est sa racine ? Est-ce que j'existe parce que je pense … ou est-ce parce que je me pense que j'existe? Est-ce qu'exister c'est Etre? La douleur de cette interrogation est parfois telle que j'ai l'impression que je n'y survivrai pas et en même temps ces interrogations me semblent si riches, si poétiques. N'est-ce pas une bénédiction que de pouvoir se « torturer l'esprit » ? C'est à mes yeux si merveilleux qu'il me parait inconcevable de vivre autrement. Comme si mes tourments étaient gage de cette douce folie qu'est la vie. Qu'est-ce qui est le plus fou, tout interroger sans cesse ou ne rien questionner, ne rien explorer ?

La vie n'est-elle pas mouvement psychique et physique ? Figer l'un des deux ne serait-il pas une petite mort de l'ensemble ? Ne sommes-nous, du coup, pas tous responsables de la vie de l'autre, de son éveil, garants du mouvement perpétuel du souffle de l'univers. Etre à l'unisson qu'est-ce que cela implique exactement ? Est-il possible que je ne sache pas comment me présenter, me définir face aux autres parce qu'il me manque mes souvenirs de l'enfant que j'étais. Comment savoir qu'elle adulte je suis si j'ai oublié l'enfant que j'étais? Ce néant de l'enfance, quel adulte permet-il de construire ?

« S'échapper »

Pourquoi ai-je si peur de me présenter, de m'inscrire dans ce monde ? Pourquoi est-ce si dure de me définir ? Est-ce nécessaire de le faire ? Puis-je exister sans avoir une définition, une description de moi à présenter aux autres mais surtout à moi-même. Puis-je m'échapper à ce point ?

Quelles racines ai-je donc ? Passé oublié ? Mémoires effacées ? Qu'ai-je bien pu engendrer ? De quoi puis-je bien me protéger ? L'oubli comme exutoire, les pleurs comme miroir, se voir et ne pas reconnaitre sa propre image, être étrangère à sa propre connaissance, comment répondre à « qui suis-je » si « qui j'étais » reste un mystère non percé. L'oubli peut-il être salvateur? Puis-je échapper à mes propres peurs, démons ?

Puis-je échapper à celle que j'étais ? A celle

que je deviens ? A celle que je pense être ? Est-ce que l'un de nous a jamais pu librement et consciemment faire le choix de s'échapper à lui-même ? Notre terre aurait-elle le choix d'échapper à sa raison d'Etre au sein du système solaire ?

« Arborescence...Fractal »

Toute la difficulté n'est-elle pas de fonctionner en arborescence et en fractal, avoir un mode de pensée infini dans une capacité limitée de représentation du monde. Notre mode de fonctionnement de pensée est-il une répliquance du fonctionnement de l'univers ? Chaque système est-il une arborescence d'un mouvement, d'un son, initial ? Qu'est-ce qu'un système de pensées si ce n'est une connexion instantanée, en arborescence et en fractal, de différents concepts. Un système de croyance est-il la résultante du système de pensée ? Faire d'une partie d'un concept touché une vérité, une appartenance à un modèle ? Est-ce les prémices d'un processus d'identification ? Est-ce parce que nous nous identifions à des systèmes de pensée, de croyance que nous prenons consistance ? A nouveau, existons-nous parce que nous pensons ou est-ce parce que nous nous pensons que nous existons ? Comment dépasser des schémas de pensée ? Comment interpréter au plus juste, au plus vrai un univers dont la majeure partie du langage nous échappe, nous est inconnu ?

L'important n'est-il pas de rester vigilant sur le fait que nos référentiels ne peuvent être une réponse exacte, un cliché parfait d'une réalité que nous sommes, à ce jour, incapable de traduire pleinement.

« Le pas d'après »

Ne pas confondre l'indispensable de nos tentatives et la véracité des réponses apportées. La démarche pour autant est essentielle. Tout raisonnement, même dans ses limites, est le pas suivant nécessaire à l'exploration d'un univers diffus et mystérieux.

Comment déchirer le voile de nos aveuglements et ignorances quand nous sommes nos propres voiles. Nous sommes nos propres limites et enfermement. Incapable de lâcher la structure de nos systèmes de pensée, de nos référentiels.

Et si la certitude de nos croyances créait l'instabilité de notre système ? Dans un univers qui respire sommes-nous source d'étouffement ? Et si reconnaitre la vacuité de nos connaissances était ce qui nous permettait de nous libérer de nos identifications et représentations ? Si nous ne sommes « plus rien » si ce n'est expression d'un néant alors n'est-ce pas une belle opportunité de créer, de respirer en harmonie avec ce tout dont nous nous pensons séparer. Il n'y a pas l'univers et nous. Nous ne sommes pas sur terre. Nous sommes expression de la terre. Nous sommes expression de l'univers. Nous n'expérimentons pas, nous sommes l'expérience.

« Permanence »

Science, psychologie et philosophie sont-elles les trois piliers, le triptyque qui sous-tend tout questionnement, tout éveil, toute élévation ? Est-ce le chemin le plus direct ? Pas forcement le plus simple, ni le plus rapide, mais le plus direct ? Et si c'était les vibrations, le son de la terre qui créent la forme de notre quotidien, de notre société à travers chacun de nous ? Si notre point d'entrée « n'était pas le bon ». **Ce n'est pas nous qui créons la réalité de la présence de la terre dans un système solaire mais bien le système solaire à travers la terre qui crée notre réalité.**

Nous utilisons tant de mots que dans le fond nous n'habillons de pas grand chose ou de ce qu'on nous a appris. Si c'est par le verbe que nous expliquons, définissons notre présence ici, notre sens, notre but alors si ce verbe est vide, conjuguer sans conscience, comment notre société pourrait-elle être autrement que creuse et vide de sens ? Avoir une définition collective se conçoit mais cette collectivité ne devrait-elle pas prendre sa source dans une recherche personnelle ?

Ne devrait-il pas y avoir un mouvement permanent entre l'ensemble et l'individu ? Une interaction permettant de voir comment les deux participent et oeuvrent au bien commun ?

Ce que je définis comme étant la réalité se partage avec une notion collective de cette même réalité et de ces deux représentations une troisième se crée qui est un mélange harmonieux entre une définition personnelle et une collective. Nous sommes fait me semble-t-il, de plus en plus, pour nous voir nous penser en plusieurs dimensions, à différents niveaux, plans de lecture. La vision que j'ai de moi et celle que la société a de moi ne parle pas de la même représentation de « Karine ». Chaque lecture de nous diffère, comme si plusieurs versions d'un JE s'affrontaient et cohabitaient et qu'au point d'harmonie la pleine expression de ce JE pouvait prendre vie et s'exprimer dans un NOUS.

« Et si ….. »

Poussons plus loin, beaucoup plus loin, en terme de système solaire je (Karine) suis inexistante ! Je ne suis même pas sûre que l'humanité soit existante. En terme de système solaire, peut-être, que seule la terre a une existence. Et si nous étions l'oeuvre d'une voix lactée, d'une galaxie, d'un système solaire.

Pensons en fractal et oublions, lâchons tout ce que l'on a appris sur nos origines et explorons la théorie suivante: *l'univers est conscience, il n'a pas forcement conscience de lui, mais il est conscience. Il crée à travers ses vibrations des systèmes. Un de ces systèmes est notre voix lactée. De ses vibrations différentes planètes, étoiles etc se matérialisent, prennent forment. Dans tout cet hamas la terre prend vie. Et la terre, conscience également (comme tout ce qui vit, oeuvre dans l'univers) a besoin dans son expérience de créer le vivant. Et si dans ce vaste plan dans lequel nous évoluons notre évolution était de l'ordre de la psyché. Que notre apparence physique ait toujours été celle que nous connaissons et que notre évolution « physique » ne serait pas tant de la forme animale à la forme humaine mais plus simplement en terme d'adaptabilité à notre environnement ? Et si nous ne trouvions pas le fameux chainon manquant parce que nous sommes le chainons manquant. Nous sommes la salle d'attente, le laboratoire de la prochaine évolution ?*

Reste toujours à donner du sens sur le "à quoi" répond l'univers ? Y a-t-il un but ? Doit-il toujours y avoir un but précis et défini ? Ne peut-on avancer et faire notre part juste parce que nous prenons conscience que nous faisons partie d'un système et que c'est cette appartenance qui crée la représentation de nos vies.

« Système »

Cela nous renvoie aux questions suivantes: qu'est-ce qu'un système ? Une structure ? Comme pour tout le reste différents niveaux d'analyse, de traduction, d'interprétation. Il y la structure matérielle, la structure d'un système de pensées, de croyances, de représentations. Peut-on dire qu'un système est infini dans une structure finie ou sa structure est-elle expansive ? Déjà qu'est-ce qui différencie un système et une structure ? Si nous devions poser une définition sur ces mots. Si nous prenons le postulat que le système est ce qui se meut dans une structure alors la structure serait donc un cadre restrictif. Donc si un cadre devient trop serré, trop étouffant est-ce en s'attaquant à ses bords, ses limites que nous pouvons nous en libérer ? Le juste mouvement ne serait-il pas de travailler sur le système vivant à l'intérieur de ce cadre ? Ceci étant dit, n'oublions pas que notre société est une structure à l'intérieur de laquelle nous sommes le système pensant et créant notre quotidien.

Peut-être nous faut-il élargir, élever notre manière de penser et de facto la structure de notre société évoluera. Tout système qui évolue adapte la structure à son évolution. C'est probablement pour cela que l'on dit que tout changement vient de l'intérieur.

Autre questionnement, tout système doit-il forcement être limité dans le cadre de son expression, de sa vivance. A-t-il besoin de ces limites, de les toucher, pour paradoxalement les dépasser ? Nos systèmes de pensées, de croyance évoluent dans la limite du cadre de nos représentations. Nos représentations sont un peu comme notre labyrinthe psychique. Nous nous y perdons. Nous nous y heurtons. Nous nous y figeons.

« Le réel est-il vérité »

L'univers est géométrique, est-ce que trouver sa forme initiale nous donnerait une guidance sur les prochaines étapes. Comprendre d'où nous partons pour voir où nous arrivons et en même temps savoir que quoiqu'il arrive nous continuons à avancer, à aller où nous devons. Est-il important de répondre à toutes les questions, de comprendre tous les tenants et les aboutissants, n'est-ce pas vain de courir après cela ? Est-ce de l'ordre de l'illusion ? Je ne suis pas certaine de ce qui cherche à émerger en moi avec toutes ces interrogations, mais il y a clairement une poussée, une volonté d'être qui fait jour.

Qu'est-ce que le vide ? Un concept, une réalité ? Encore faudrait-il pouvoir déterminer ce qui est de l'ordre de la réalité. Qu'est-ce qui tient du concept et qu'est-ce qui tient du tangible, du vérifiable, de l'attestable ? Qu'est-ce que la géométrie de l'univers ? Comment s'exprime-t-elle? Comment agit-elle ? Pouvons-nous dire que nous sommes également faits de cette même géométrie ?

Pourquoi ai-je ce besoin d'attester de ce qui est de l'ordre du réel. Ne peut-on imaginer qu'une réalité vécue dans l'imaginaire n'en est pas moins de l'ordre du réel pour celui qui la vit, l'expérimente ?

Cela me renvoie à la scène de Matrix lorsqu'il se réveille ou plutôt sort d'une réalité pour se confronter à une autre. La réalité ne serait donc pas pour autant vérité ? Si on garde cette scène les deux mondes ou représentation du monde attestent d'un réel et non d'une vérité.

En est-il de même pour nous ? Nos différents personnages ne sont pas la vérité de qui nous sommes. Sommes-nous vide de nous-mêmes ? Le vide est-il absence de présence ?

Il est dit que l'univers est fait de vide mais cette définition est-elle dans un absolu ou est-elle simplement remplie de la représentation que nous nous faisons du vide ? Un « qui suis-je » peut-il résonner, exister, être pensé dans le vide ? On oppose toujours le vide et le plein mais à être rempli de trop de chose, encombré de trop d'information ne sommes-nous pas vide de l'essentiel ?

Est-ce que tout comme l'ombre et la lumière ne sont qu'un, le vide et le plein ne sont qu'expression de l'unité d'un tout illusoire mais rédempteur ?

« Est-ce folie….. »

Et si « l'illusion était illusion » ? Cette phrase me parle et m'échappe en même temps complètement! Peut-être que ce qu'elle laisse entrevoir est trop dur à accepter pour moi actuellement. Son sens primordial me glisse entre les doigts et pourtant j'y sens quelque chose de l'ordre de la vérité. L'univers a-t-il une mémoire de sa structure, de son évolution ? Notre capacité à nous souvenir, à créer de la mémoire alimente notre notion du temps. Amusons-nous à penser que nous sommes conscience expérimentant ce qu'elle est.

Nous créons l'illusion d'un système , de sa structure, le décor qui va nous permettre de nous expérimenter. Et dans ce décor nous nous pensons bébés, enfants, ados, adultes, âgés, etc et si en fait tout cela n'était que « pensée » mais que physiquement nous n'étions passés par aucun de ces stades et que c'est par l'illusion créée que nous avons vécu notre expérience. En ce sens, nous ne naissons et ne mourrons jamais puisqu'en tout espace-temps, en tout cycle, en tout système nous sommes conscience s'expérimentant. Est-ce fou de penser de la sorte? Est-ce perdre la raison, le sens des réalités mais à nouveau je ne peux m'empêcher de penser « de quel sens des réalités parlé-je » ?

Sur une échelle plus large et plus microcosmique tous ces questionnements semblent si dérisoires, si inutiles, si futiles. Dans ces deux opposés (macro et microcosme) les systèmes oeuvrent et
se meurent dans une symétrie, une énergie parfaite. Un peu comme si ces deux systèmes avaient la capacité de respirer à l'unisson, de ne faire qu'un seul mouvement orchestré dans la cohérence de la structure mise en place.

« Contre-sens »

Respirons-nous au même rythme que la terre ou avons-nous décalé notre souffle ? Peut-on respirer à contre sens d'un système établi ? Est-ce que penser c'est respirer ou est-ce que respirer c'est penser ? Est-ce la même chose ? Les informations contenues et échangées dans le souffle de quel ordre sont-elles ? Sommes-nous le chaos de l'ordre d'un univers qui cherche à s'accomplir ?

« Ca me fatigue »

Est-ce que j'existe parce qu'on me définit, on me range dans des cases ? Puis-je me représenter, exister si je suis incapable de me définir ? Je ne sais jamais comment me présenter, comment finir ces foutues phrases censées tout expliquer de nous ou du moins l'essentiel.

C'est comme répondre sur mes origines, ma religion, toutes ces questions auxquelles je ne veux plus répondre parce que cela ne détermine dans le fond rien de moi, de mon essentiel. Cela ne fait que confirmer ou infirmer l'image, les étiquettes que les autres ont besoin de me coller. Parfois, j'ai envie de leur hurler « faites pas ça, putain! Ne m'enfermez pas dans des cases ». Ne nous faisons pas ça !

Comment vivre, se sentir vivant, respirer, penser si nous passons notre temps à nous réduire, à nous limiter. Comment sortir de notre errance si nous n'envisageons pas plus de liberté, de choix sur les chemins que nous mettons à notre propre disposition. Comment péter les murs d'un système de pensées, d'un labyrinthe psychique dans lequel nous nous perdons en permanence aveuglés par ce besoin de cataloguer, d'étiqueter, de juger... de se juger et de juger l'autre.

A-t-on jamais vu une fourmi, une abeille se trouver plus belle qu'une autre ? A-t-on jamais vu une planète estimer qu'elle était plus utile ou brillait plus qu'une autre ? Sommes-nous donc incapables de nous coordonner, de nous ordonner, de coopérer avec ce vivant dont nous faisons partie ? Est-ce de la naïveté, de l'ignorance, de la bêtise qui fassent que nous continuons à nous visualiser séparer d'un macrocosme et d'un microcosme? Sommes-nous trop étriqués, trop à l'étroit dans notre capacité à penser le monde, l'univers que nous nous mettons en permanence à l'extérieur de l'un et de l'autre, alors que nous sommes porteurs de l'un et l'autre.

« Ordonnancement »

Nous sommes dualité et unité. Notre dualité, notre séparatisme ne peuvent s'exprimer que dans l'ordonnancement d'une unité en parfaite cohérence avec le monde manifeste. Qu'elle est la manifestation de notre monde, de l'univers ? Notre système solaire est-il le rouage d'un mécanisme plus grand? Si nous sommes énergie alors comment existons-nous ?

C'est quoi une humanité qui se vit en tant que

source d'énergie sur la planète terre? Si nous sommes énergie alors qu'est-ce qui m'empêche d'évoluer à ma guise ? Est-ce la gravité ? la matière noire ? Nos limitations physiques et psychiques ne sont-elles que le "miroir" d'un monde énergétique qui cherche à s'accorder et s'exprimer avec cette matière noire, cette gravité qui la retient, la limite ? L'énergie noire accompagne-t-elle l'expansion de l'énergie ?

« Y a un mode d'emploi ? »

La non expression de ma créativité est aujourd'hui douloureuse. J'ai conscience de cet univers, ce monde que je porte, que je suis. Je cherche encore parfois comment l'exprimer, comment m'ouvrir aux autres. Je voudrais pouvoir exprimer cette créativité autrement que par des mots. Ils sont si étroits qu'ils participent à mon emprisonnement. Ils me restreignent dans mes joies, dans mes peines. Je voudrais que tout résonne dans un silence absolu où la vacuité de celle que je suis serait la richesse de cet ensemble dans lequel je m'inscris.

« Choisir »

Comment accompagner l'autre quand on se perd soi-même ? Est-ce, justement, parce que je me perds que je peux accompagner ceux qui comme moi se perdent, se cherchent, s'effraient ? Vivre me fait peur. Vivre c'est choisir. Choisir c'est prendre ses responsabilités. Je pense sincèrement avoir un grand pouvoir et ma peur de l'exprimer est à la hauteur de la puissance que j'en ressens. Ai-je la force, le courage de participer à tout ceci ? Le simple fait de ces lignes n'est-ce pas la preuve que oui j'en ai la force, la volonté, le courage. Je suis pleine de ténacité, de qualités alors pourquoi ces freins ? Qu'est-ce que je ne veux pas lâcher. A quoi est-ce qu'inconsciemment je m'accroche.

Je ressens de la colère à me dire que je puisse être passive, victime de cette vie, cette société, ce monde, toutes ces pensées sonnent tellement faux. Je suis victime de quedal. Je refuse de

ne pas avoir le choix. Mon choix c'est de pouvoir choisir. Juste à l'idée que d'autres pensent pour moi ce qui est bien, mal, moral, immoral, ça me donne envie de leur hurler "de quel droit !! "

Chacun a le droit de ne pas être d'accord avec moi, de me trouver perchée, folle, bizarre, effrayante peu importe l'étiquette mais bon sang ne me ralentissez pas, ne me limitez pas dans mon expansion. En écrivant ceci je réalise que ce n'est pas "vous" mais bien moi qui me ralentis et me limite en ayant peur d'être mise à l'écart si j'exprime trop qui je suis.

« Vide »

Qui suis-je... cette question ne m'aura jamais été aussi douloureuse. Cette sensation d'un étau, d'une pression, de cette lutte intérieure, cet écrasement. Qu'est-ce qui cherche à jaillir ? Dois-je en avoir peur ? Dois-je avoir peur de celle que je suis ou celle qui cherche à s'exprimer ? C'est pas tant de moi dont j'ai peur mais plutôt de ce que ce moi appelle à lâcher pour enfin pouvoir exister. Ça parait contradictoire de devoir se lâcher pour enfin exprimer son plein potentiel, son essence. De nouveaux des larmes plein les yeux qui refusent de couler. Elles sont au seuil de mes cils comme si la moindre molécule, cellule de celle que je suis expérimente, en tout domaine, la même situation d'enfermement et la matérialise, l'exprime en différents degrés, niveaux, dans son quotidien.

« Cohérence »

Qu'est-ce que la cohérence d'un système oeuvrant dans un sens commun ? Comment mener au juste endroit notre société si déjà nous ne sommes pas en adéquation avec nous-mêmes. La dernière fois qu'individuellement nous nous sommes écoutés et avons pris des décisions juste, quand était-ce ? Qu'elle est la dernière fois où nous humanité avons oeuvré au beau, au bien et au vrai ?

A nous méconnaître, je nous sens à la fois dans du merveilleux et dans une souffrance, une errance. " ***Seul peut éduquer celui qui sait ce qu'aimer veut dire*** " ***Pier Paolo Pasolini, les anges distraits***. Cette phrase me "tue", elle résonne tant avec toutes mes interrogations sur ce qu'est l'Amour. Aimer, éduquer deux verbes si importants et dont j'ignore le sens.

« Plein de trucs! »

Je transmets mais qu'est-ce que je transmets ? Souvent les gens attendent de moi des réponses que je n'ai pas. Ils prennent mes explications comme une compréhension sur un système et ses rouages alors que dans le fond ce que je transmets ce sont mes interrogations. A travers nos échanges, nos questionnements j'interroge le monde dans lequel nous évoluons. Sommes nous l'expression d'un ordonnancement ?

On dit souvent qu'il faut faire le vide en nous mais ne sommes nous pas déjà vides ? N'est-ce pas de notre "vide intérieur" que nous créons ce monde, notre monde ? Sommes-nous force d'attraction et de répulsion ? Sommes-nous à une moindre échelle matière noire et énergie noire ? Expérimentons-nous le mouvement de la lumière entre la matière et l'énergie noire ? Expérimentons-nous une forme de vide cosmique ? Même ça à ce jour , qu'est-ce que c'est pour moi le "vide cosmique" hormis des mots qui me parlent, m'interpellent.

Cela me ramène à notre inexistence ou plutôt à notre irréalité physique. Pourquoi mes larmes restent-elles au seuil de mes yeux ? Je l'ai passé le seuil peut-être n'ai-je pas encore intégré ce fait. Comment cet autre que je ne connais pas peut-il/elle me manquer à ce point ? Cette rencontre arrivera-t-elle un jour ? Saurai-je me reconnaitre ? Me prendre par la main, m'accompagner, m'entendre, me guider ? Saurai-je me faire rire, me faire être légère et joyeuse ? Saurai-je m'accueillir pour celle que je suis sans retenue, sans crainte, sans limitation ? Saurai-je m'aimer ? L'amour est-il présent dans ma vie, suis-je seulement

capable de le voir, de le reconnaitre, de le ressentir ? Qu'est-ce que je crée ? Comment est-ce que je participe ? Comment est-ce que je me réponds ?

Ce besoin de fuir pour me trouver est-ce un mouvement illusoire ? Comment se fuir soi-même ? Comment se passer à coté, se rater ? J'ai tellement peur de ne pas me voir, de ne pas être en concordance avec les besoins de l'ensemble. Si je n'oeuvre pas au bien commun alors à quoi aura servi cette incarnation, cette vie ? Si l'humanité ne se reconnait pas comme un ensemble, un système cohérent oeuvrant au bien commun alors à quoi bon ?

« Il n'y a… »

Certains pourraient dire que je suis une tourmentée, que je me masturbe intellectuellement, il y a certainement du vrai dans ces jugements, mais serai-je plus légère, plus spontanée si je ne le faisais pas ? Serais-je seulement capable de ne pas le faire ? Il n'y a que comme ça que je touche le merveilleux et le magique de notre univers.

Il n'y a que comme ça que j'en vois son intelligence, sa bienveillance. Je touche à de la vivance dans les dédales de la torture de mes questionnements. Je concède que parfois je voudrais être en vacances de moi-même. Me claquer la porte au nez et m'exiler encore plus en profondeur en ce point, en ce centre où seul mon vide et mon silence m'empliraient et résonneraient à chacune de mes respirations et à cet instant T être cet accord parfait unissant toutes les réalités qui vivent en moi.

« Juste là »

L'écriture est accompagnée depuis quelques semaines d'une urgence, d'un mal-être si je ne le fais pas tous les jours. Cela me fait penser que les cours aux beaux-arts seront salvateurs. Que tant par l'écrit, la musique que j'écoute en écrivant, la peinture, ces expressions artistiques qui s'affirment en moi sont le reflet de plus en plus marqués de celle que je suis.

Juste là d'un claquement de doigts je voudrais savoir jouer du piano être capable de composer. Peut-être parce que je voudrais être capable de composer cette vie? En modifier les accords, les dissonances, les incohérences. Si les vibrations sont l'équivalent des notes alors les ondes sont-elles les partitions ? Qui en est le chef d'orchestre ? Ondes, vibrations, sons, matière, énergie, lumière, c'est quoi l'équation, la géométrie de notre univers, notre terre, nos vies ?

« Couacs et bugs »

Qu'est-ce qui fait que nous nous questionnons ? Nous partons du principe que l'univers, les animaux, les plantes, les roches n'ont pas conscience d'eux-mêmes et que c'est pour ça qu'ils ne s'interrogent pas comme nous. Mais quelle partie de nous a conscience d'elle-même ? De quoi sommes-nous fait ? Peut-être pensons-nous que tout ce qui compose le vivant n'a pas de conscience de lui-même parce que nous supposons que si c'était le cas alors leur structure, leur système fonctionnerait comme le nôtre avec des couacs et des bugs.

Mais si c'était simplement qu'ils avaient une conscience plus accrue d'eux-mêmes et du coup de leur participation à l'unité d'un tout cohérents ? Si ce n'est pas eux qui n'étaient pas conscients d'eux-mêmes mais nous qui n'étions pas assez conscients de nous-mêmes. Ou est-ce l'inverse! Ils ont conscience d'eux-mêmes la différence c'est qu'ils ne sont pas dans la représentation d'eux-mêmes en tant que système, structure, contrairement à nous.

Ils sont conscience nous sommes pour l'essentiel dans la projection. Se questionner, questionner le monde c'est remettre en cause nos représentations mais est-ce forcement être conscient ? Etre conscient me semble different d'être conscience.

« La cuillère n'existe pas, Matrix »

Lumière et matière. Nos représentations de ces deux concepts faussent notre perception du monde et notre propre perception. La différence entre matière et lumière est-ce la vitesse de vibration ? La matière si elle vibre très bas s'effondre-t-elle sur elle-même? Nous effondrons-nous sur nous-mêmes quand vibratoirement nous sommes plus matière que lumière ? Quelles dimensions de moi-même suis-je ? Combien de fois me suis-je effondrée sur moi-même ? Est-ce ce qui se passe avec nos croyances, nos illusions, lorsqu'elles atteignent ce point de densité extreme, s'effondrent-elles ?

Qu'est-ce qu'une vibration ? Qu'est-ce que le son, comment se crée-t-il ? Peut-on dire que l'univers contient, entre autres, les lois de polarité et celles de causalité ? "Le tout c'est de réaliser que la cuillère n'existe pas. Matrix ». Je le sais, le comprends mais ne le conçois pas. C'est ce monde, mon monde si je n'en ai pas une visualisation concrète faite d'immeubles, de tables, chaises, etc si tout ceci disparait alors que reste-t-il à mon esprit ? Quelle réalité se met alors en place ?

« C'est par où ? »

Et si cette nouvelle réalité n'était qu'une illusion de plus, celle d'après, l'enfermement suivant ? Putain, c'est à devenir folle ! Dois-je traverser cette folie ? Une partie de moi a si peur de ses propres questionnements, jusqu'où m'emmèneront-ils ? Du merveilleux, de l'effroyable, du vide, du néant, du plein, de la joie ou tout simplement nul part ? Peut-être que dans le fond je ne suis qu'une onde gravitationnelle, une vibration qui se meut dans un système. Quelle serait ma vie si je la vivais comme étant une vibration ?

Ce qui est intéressant dans le mouvement de l'effondrement c'est que de cette chute se crée une nouvelle forme, une vibration plus rapide, un nouveau son, un nouvel univers. Sommes-nous comme des poupées russes enfermés dans une suite d'univers. Décoder nos mécaniques, nos cheminements de pensées est indispensable à une meilleure vision de soi.

« Distorsion »

Je ne suis pas compétitive, je ne me compare pas à l'autre, je ne cherche pas à être meilleure, ceci est à priori louable. Creusons un peu plus le mécanisme de cette pensée et voyons la distorsion de la réalité de cette vision de moi.

Je ne mets pas en compétition face aux autres pour deux raisons:

1) Je suis élitiste (intellectuellement) et pars du principe que je suis plus intelligente que la majorité des personnes. Du coup, je n'ai pas besoin de me prouver et de prouver aux autres que je suis meilleure, je pense l'être. Tout de suite c'est plus amer comme image de Soi !

2) Je manque de confiance sur mon aspect physique et du coup je ne me mettrais pas en compétition avec, par exemple, une autre femme.

L'idée de ce genre d'exercices ça n'est pas de se renvoyer une image qui nous donne envie de nous flageller mais bien d'être honnête avec nos fonctionnements. Parce que plus nous serons vigilants à nos mécanismes et plus nous serons au plus juste dans notre rapport à nous et aux autres.

Deuxième distorsion de raisonnement observée suite à une discussion avec Zoé et des connaissances sur le fait qu'elle voulait un serpent.

Une personne présente lui dit « tu sais j'en voulais un aussi mais l'idée de lui donner des animaux vivants à manger ça m'a refroidie ». A cela Zoé lui répond que cela ne la gêne pas puisque dans la nature cela fonctionne ainsi. Sur le coup la logique du raisonnement m'a paru juste. Mais en y réfléchissant mieux...

Avoir un serpent comme animal de compagnie le limite dans sa chasse à l'espace du vivarium. Mettre une proie dans cet espace met à peu près à zéro la possibilité à la proie d'échapper au serpent dans ce contexte. Alors non ce n'est pas comme dans la nature. Dans la nature peut-être que le serpent aurait mangé une autre proie et que du coup celle-là aurait été tranquille. Dans la nature les chances de survie de la proie aurait été bien plus élevée. Avoir un serpent et le nourrir de proies vivantes c'est faire le choix de déterminer la valeur d'une vie. C'est décider que pour une envie, un plaisir personnel, on crée un déséquilibre dans le fonctionnement d'un écosystème en le reproduisant chez nous à plus petite échelle, en y modifiant les règles tout en pensant en reproduire le même fonctionnement. Qui sommes-nous pour décider de la valeur d'une vie qu'elle soit animale ou humaine ?

Voila, analysés à l'extrême, si vraiment nous menons (en toute transparence) à leur bout nos raisonnements ce que nous dévoile nos mécanismes.

De nouveau, il ne s'agit pas de se juger mais bien de comprendre à quoi on participe, ce que nous alimentons, avant de prendre une décision, avant de faire nos choix. Et c'est, entre autres, en ça que vivre est effrayant. En terme de responsabilité vivre ne nous laisse aucun échappatoire.

« Prems »

Comment sont nés les mots, qui a créé le premier concept, la première idée, qu'elle en a été son impulsion ? C'est tellement rageant, quelque part, de penser si « petit ». Je voudrais élargir mon domaine de pensées, accueillir plus grand, plus juste, plus vrai. Quelle beauté, y a-t-il dans l'ignorance ? Qu'elle justice y a-t-il dans la validation absolue ? Si je me vivais, me pensais comme vibration comment interagirais-je au contact des autres vibrations ? Créerais-je des formes ? Quels sons m'attireraient ? Pourrais-je circuler à ma guise dans de la matière ? Serai-je empêtrée dedans ou pourrais-je m'en libérer ?

« Idées »

Deux idées ont été émise hier lors de conversation avec des ami(e)s:

La première: *la terre est une cellule d'un organisme plus grand*;
la deuxième: *la terre a été polénisée.*

Cette idée précise m'a fait décoller. J'ai visualisé un premier son avec sa déflagration de vibration qui arrive sur la terre et rentre en contact créant son vivant. Celui qui avait partagé la première idée (que la terre est une cellule) a également dit qu'en terme de vitesse « nous sommes risibles avec la vitesse de la lumière ».

Il y avait une conviction forte chez lui que la vitesse de la lumière n'est clairement pas le maximum de vitesse de déplacement dans notre univers.

Tout ce genre de théories tient du vrai pour moi, pas en tant qu'idées amenées mais en termes de chercher plus loin, penser plus large, élaborer des théories même farfelues mais qui à un moment peuvent toucher quelque chose de l'ordre de la véracité.

Je suis boulimique de ce genre d'échanges. Il y a une forme de voracité dans ma démarche comme si j'étais insatiable de savoir, de connaissances. Puis-je cumuler une quantité infinie de savoir ? Je sens une différence entre le savoir et la connaissance.

Là comme ça je dirais que le savoir est accompagné de sagesse. La connaissance, elle, est plus de l'ordre du partage, de la transmission. L'un se vit, l'autre s'expérimente.

« Vous ne m'auriez pas vue ? »

Cette sensation de me manquer. Comment ai-je pu « perdre » une partie de moi ? Comment la laisser s'exprimer pleinement quand tout ce qu'elle me murmure me fige et me donne l'envie de fuir ? Il y a quelque chose qui bouillonne en moi, un feu qui cherche à jaillir, une force qui cherche à détruire tout ce qui est limitant et laisser s'installer une vision plus claire, plus affinée de ce qui Est. Suis-je ma propre illusion ? Sui-je vraiment assise en train d'écrire ces lignes sur la table du jardin ? Est-ce vrai dans cette réalité et complètement aberrant dans une autre. Toutes ces dimensions se chevauchent-elles ? L'univers est-il simultanéité ? L'univers est artistique, de la même manière qu'un artiste passe par un chaos extérieur qui donne vie à une oeuvre finie parfaite que chacun traduira à sa manière, notre univers est né d'un chaos ou est-il chaos et nous en sommes, nous système solaire, nous terre, son oeuvre parfaite d'harmonie et d'ordonnancement !?

« Vous n'auriez pas vu passer l'Amour ? »

Qu'en est-il de l'amour ? Est-ce que je vois encore son oeuvre, est-ce que je le vois encore agir, est-ce que je le sens encore vibrer en moi ? Suis-je capable d'aligner ma fréquence à la sienne ? Je souffre de ne plus me sentir capable de ressentir l'amour ou plutôt d'avoir cette sensation que je ne suis plus son expression.

Peu-être est-ce le contraire ? Peut-être suis-je au plus juste de ce qu'est l'amour dans cette froideur, cette distance et en même temps cette clairvoyance, cet accueil neutre ? L'amour est-il neutralité ? Puisqu'il est hors jugement, hors représentation. Plus je mets à vue mes dysfonctionnements, mes illusions, enfermements, croyances, plus je suis dans la bienveillance et dans l'accueil. Est-ce cela l'amour ? Travailler son taux vibratoire pour agir et être le mieux pour l'ensemble ? Chacune de mes décisions, chacun de mes choix, chacune de me pensées influencent un ensemble.

Tout comme la moindre pensée, décision, choix de cet ensemble m'influencent. C'est à la fois magique en termes de pouvoir et flippant en termes de responsabilité.

« Vous n'auriez pas vu passer la liberté ? »

« Le tout c'est d'accepter que la cuillère n'existe pas », Matrix. Cette foutue phrase me hante. Elle m'échappe. Sa cohérence, sa justesse, sa liberté m'échappe. La liberté a quelque chose d'effrayant non? S'affranchir des cadres, des normes, des lois, être Maitre de sa vie dans son entièreté, sa globalité ça fout le vertige . Cela ramène de nouveau aux responsabilités. Faire le choix de la liberté c'est en accepter les responsabilités.

« Vous n'auriez pas vu passer la mort ? »

J'ai entendu un dialogue dans une série ou un personnage demandait à l'autre « tu comptes vivre comme ça ? » et l'autre lui répond « non je compte mourir comme ça ».

On se demande toujours comment nous allons vivre, ce qu'est notre vie mais la bonne question ne serait-elle pas « comment comptes-tu mourir ? ». Si chaque jour est une mort alors comment mourrons-nous chaque jour? Avec quelles pensées, croyances, illusions ? Mourrons-nous libres et responsables ? Si nous avions vraiment conscience que chaque jour nous mourrons nos journées seraient-elles les mêmes ? Nos choix, nos vies seraient-elles pareilles, notre rapport au monde serait-il différent ? Quand nous pensons à la mort nous ne pensons, généralement, qu'à notre mort physique. Pourtant nous mourrons chaque jour: à nos idées, nos illusions, nos peurs, nos croyances, nos vérités. Et si chaque jour où nous ouvrions les yeux nous cherchions à savoir à quoi nous allons nous éveiller, ce à quoi nous allons mourrir pour laisser le merveilleux prendre place.

C'est quoi penser la vie ? Penser notre présence ici ? Qu'est-ce que je fais ? Qu'est-ce que je pense ? En quel nom ? Une planète a-t-elle conscience de son cycle ? Vibratoirement, énergétiquement sait-elle qu'un jour elle arrêtera de vibrer et que de son effondrement, son explosion, implosion elle créera une autre forme de vie ?

Le souffle est associé tant à la vie, qu'à la mort. La mort physique est-elle une respiration. La mort (de la forme) est un cycle cohérent du micro au macrocosme. La vie et la mort ne sont-elles qu'un seul souffle ? C'est parce que nous sommes en vie que nous démontons, mettons à mort nos systèmes de pensées. C'est parce que chaque cycle d'éveil se termine pour recommencer dans une autre structure que nous mourrons physiquement. La vie permet la mort. La mort initie la vie.

« Sois »

Rencontrer, se rencontrer, te rencontrer dans ton essence, ta vivance, ta poésie. Etre dans mon essentiel en ta présence. Un souffle, une respiration. Regards furtifs, regards appuyés, ne pas savoir si on plonge dedans ou si l'on s'y noie. De sourire en mains qui se frôlent devenir un nous improbable, impensable et pourtant vivant. Etre cette réalité hors du temps. Prendre vie dans ce domaine du possible ou enfin nous fusionnons. De notre unité se crée une présence absolue en toute chose qui respire, vibre et se meut dans l'univers. Etre ce monde impensable ou d'une vibration la vie s'éveille. Je nous respire. Soyons ce souffle créateur, polarisons ce coeur, cette vie de notre présence, de notre conscience. Sois mon essentiel quand je me perds. Laisse moi être cette boussole qui t'affole et te fais perdre le nord. Soyons ce pole magnétique où même notre fuite nous mènerait à l'autre. Sois ma responsabilité, je serai ta conséquence. Rencontrons-nous non pas parce que nous n'avons pas le choix mais parce que cela serait un retour à la source. Une impulsion magnétique, un code génétique qui vibre en nous. Sois mon ADN, mon impulsion, mon feu. Élève mes pensées. Apaise l'humain en moi. Qu'en ta présence je m'illumine et que cette illumination brille sur notre monde. Donne moi la force de murmurer le mot Amour, donne moi la volonté qui le fera résonner dans l'immensité. Pleure-moi. Oublie-moi. Déteste-moi. Aies peur de moi et pourtant viens vers moi, viens à moi, viens en moi. Habite-moi, possède moi, détruis mon intérieur pour t'y installer et y vibrer. Impose-toi. Fais moi plier afin d'enfin pouvoir Etre. Façonne-moi et dans cette rayonnance laisse chaque particule de mon Etre jaillir à la face du monde. Pouvoir enfin rencontrer les autres et les laisser naître à moi. Les porter comme une mère, les accoucher d'eux-mêmes. Les pleurer, les aimer, les laisser mourir, accompagner leurs souffrances dans la bienveillance. Faire naitre un sourire , une espérance en eux, en notre monde, en cette vie. Les inscrire dans cette unité qui nous appartient et dont nous sommes créateurs.

«Un peu de tout »

Impression magnétique, pollinisation définitivement ces deux images me parlent vraiment très fort. Je visualise le mouvement, la vague magnétique. C'est d'une poésie. Notre univers est si beau ! Je ne sais pas où je vais, de quoi demain ma vie sera emplie, faite mais je suis si heureuse, en état de grâce dans cette non rigidité d'une vie toute tracée. Suis-je insouciante, est-ce une manière de fuir mes responsabilités en terme de foyer à faire tourner ? Je n'ai pas cette impression. Plus je délaisse le sens des responsabilités en terme matériel plus je prends mes responsabilités en terme social et de groupe. Il y a une forme de « libérance » dans cela, comme si enfin j'y étais. J'y suis. Je suis. Je plie, je cède au prix d'une vie faite d'illusion. Tout ce chemin ne me laisse plus rien. Je me dépouille de tout jusqu'à ma propre représentation.

L'univers est fait de matière ordinaire, matière noire et énergies noires c'est la théorie actuelle la plus répandue. Se peut-il que nous ne soyons à ce point qu'illusion que tout ce qui se crée ici bas ne l'est que par répercussion magnétique des sons et des formes créés par l'univers. Chaque planète a son propre son. Si je poursuis mon raisonnement c'est le son de la terre qui a donné la forme de ce qui fait notre réalité, notre propre forme. Le son de la terre est-il une répliquance des ondes magnétiques des sons de la galaxie ? Qu'est-ce qui évolue vraiment quand le taux vibratoire augmente ? Si nous ne sommes nés de rien et que de ce rien tout a été créé alors est-ce la matière qui s'affine, s'allège avec l'augmentation d'un taux vibratoire ? Nous sommes expression de la rayonnance de la matière polénisée par des vibrations, des ondes.

« Concept »

Sommes-nous un concept ? Plus je questionne notre monde, notre univers, notre vie moins j'interagis avec les autres. Les discussions sans sens profond, sans questionnement essentiel me fatigue. Il me faut faire aujourd'hui un effort considérable de concentration et de présence pour répondre et participer à ce genre de discussion.

Je me sentais déjà tellement isolée mais là c'est encore un stade au-dessus. Le plus difficile à reconnaitre étant à nouveau mon élitisme, mon arrogance à juger les autres de par leur faculté à ne pas être dans l'essentiel du « comment du pourquoi » et du « pourquoi du comment ». Comment puis-je me sentir faire partie d'un tout si je crée ce séparatisme ? Quel non sens, quelle incohérence je mets en place. Rechercher la présence des autres et en même temps la juger et la critiquer.

« Lâche, putain… lâche»

Je peux pleurer, s'il te plaît ? Lâche putain, laisse sortir, laisse cette tristesse s'exprimer. De cette volonté à ne jamais plier, à ne jamais céder, quelle souffrance. J'exprime même le séparatisme avec moi-même! Qu'ai-je donc à apporter à ce monde ? C'est quoi ma qualité ? Comment est-ce que je l'exprime ? Comment est-ce que je la mets en oeuvre ?

« Le couple ! »

Qu'est-ce que le couple ? Qu'est-ce que l'amour au sein d'un couple ? Comment s'exprime-t-il ? Je voudrais pouvoir ou du moins réussir à te demander pardon. Pardon de ne pas savoir t'aimer comme tu en as besoin. Pardon de ne pas avoir su, ne pas avoir pu t'accompagner. Pardon de tes journées rythmées de mes absences.

Est-ce que l'un d'entre nous échappe à la thématique du couple, de l'amour ? Quand nous pensons couple nous pensons toujours à deux adultes qui s'aiment mais s'il ne s'agissait dans le fond que de l'équilibre entre l'énergie masculine et féminine tout comme en électricité il y a besoin de la prise mâle et femelle pour que le courant circule.

Il ne s'agit peut-être à notre niveau que du même besoin sorti de toute considération de désir physique ou amoureux. De ce point de vue le couple n'a alors ni sexe, ni âge, ni couleur, ni religion. Souvent quand nous rencontrons l'autre avec qui nous formons énergétiquement un couple nous traduisons cet intérêt, cet attrait par une envie physique, charnelle de l'autre. Un besoin de s'approprier la créativité que l'on travaille ensemble. Cela me parait tellement absurde juste à l'instant. Comment s'approprier l'énergie de l'autre ? Quel sens cela aurait-il ? Dans notre essence nous sommes libres. C'est la prison de notre corps physique, celle de notre corps émotionnel et celle de notre intellect qui déforme l'instantanéité d'une rencontre.

Nous cherchons de suite à l'analyser, la répertorier, la cataloguer alors que la seule question que l'on devrait poser à l'autre quand on le rencontre c'est « qu'est-ce qu'on travaille » ? et nous devrions être capable, avoir la force de laisser l'autre continuer sa route une fois que le travail est fini. Quelle arrogance nous pousse donc à nous approprier, à vouloir garder les ressources de l'autre. Si j'empêche par égoïsme, lâcheté, l'autre de continuer son chemin, si je m'en empêche également alors de quoi est-ce que je prive l'ensemble ?

« Sacrifice ou Dévotion »

Le sens du sacrifice me fait peur. A mes yeux, on ne se sacrifie pas pour une autre personne et encore moins pour son amour. Se sacrifier pour l'autre c'est piétiner une partie de nous, ne pas la laisser s'exprimer, résonner et cela me parait dangereux.

Ne devrait-on pas plutôt se dévouer à l'autre ? La dévotion implique le respect de celui, celle que nous sommes. Accompagner l'autre, le guider mais sans jamais perdre de vue notre essentiel, notre souffle. Le sacrifice ne permet pas la respiration. La dévotion est source de toute chose. Pour autant je ne saurais dire si la dévotion est amour. Est-ce que l'amour peut de ce chaos intérieur donner vie à l'expression d'un ordre harmonieux et d'une perfection absolue ?

Ce mouvement existe-t-il dans l'univers: amour/chaos/ordre/ harmonie/perfection. Cette équation est-elle envisageable ?

«Egoisme »

Sois ce sanctuaire, cet havre de paix ou je me réfugie quand ce monde m'effraie trop. Quand mes propres pensées et désirs m'effraient au point de vouloir me fuir et que je ne peux le faire. Sois mon échappatoire, mon espérance, ma vivance.

C'est si égoïste de te demander de prendre cette responsabilité mais, si juste pour aujourd'hui, juste pour une fraction de seconde suspendue dans le temps je m'accordais cet égoïsme et mes yeux dans les tiens te demander silencieusement protège-moi, sauve-moi, aime-moi. Juste pour une fraction de seconde me réfugier dans tes bras, ta senteur, ton goût. Juste une fraction de seconde pouvoir suspendre nos vies et être dans cet espace qui n'appartiendrait qu'à nous, où entremêlés nous ne saurions plus où tu commences et où je finis.

Ai-je le droit de le penser, le verbaliser ? Cette sensation que ma vie n'est faite que de silence appuyé, parfois douloureux, parfois pleine d'espoir et de joie. Et si c'était dans ce silence que la vérité de celle que je suis pouvais s'entendre et se voir. Dans ce murmure inaudible je Suis celui qui Est.

« Ephémérité »

Notre relation à l'autre est-elle forcement éternelle, ne peut-elle être immortelle dans son éphémérité ! Dans cette notion conscrite de temps qui s'écoule nos relations durent longtemps mais dans l'instantanéité et la simultanéité de l'écoulement de l'espace-temps si tout ceci se déroulait à la vitesse de la lumière?

Deux vibrations, deux ondes magnétiques qui s'attirent, s'entre-choquent, échangent des informations, se codent imprégnées de leurs échanges et se détachent. Tout ceci, ici bas, nous donnant l'illusion d'une rencontre physique, de souvenirs, de vie commune et de séparation. Une fraction de seconde dans l'univers équivaut-elle à une éternité dans nos vies ? Nous nous accrochons à cette éternité alors que la beauté de l'instant n'est que mouvance. Jouir de la vie c'est la laisser nous échapper. Cela peut paraître contradictoire mais si la souffrance naissait de notre obsession à nous accrocher, notre refus de laisser circuler ce flux que notre rencontre à l'autre nous réveille. Plus nous essayons de la maintenir plus sa saveur est amère et acre.

C'est bien dans la liberté de mouvements, dans sa circulance que toute la saveur d'une rencontre, d'une vie éclate de milles feux. Ce qui crée la souffrance ça n'est pas que quelque chose se termine mais notre refus à laisser cette chose se terminer. Vouloir maintenir une relation, une situation au prix de notre propre bien-être et joie en pensant que de la retenir nous amènera cette joie, ce bien être.

Apprendre à laisser partir ce qui doit partir. Mettre un point final. Parfois j'ai le sentiment de faire de l'acharnement thérapeutique, médicale sur ma vie à absolument lutter pour maintenir des liens qui ne doivent probablement plus l'être du moins dans leurs formes actuelles. C'est peut-être à vouloir maintenir ces liens que ma sensation d'isolement se forme. Comme l'autre n'est pas où je l'attends je me sens seule dans mes sentiments. Ne peut-on simplement pas être dans la créativité de nos rencontres avec l'autre, que cette rencontre dure quelques minutes, heures, mois, années, juste être créatifs ensemble? Travailler les thématiques dont l'humanité a besoin de travailler et sans aucun rattrapage émotionnel dire « au revoir et merci » en toute simplicité.

Worakls - live@gods&monsters Cologne 2018 - 38'39

Nous sommes si faux dans nos interprétations. De cette puissance de l'existence, de sa résonance dans l'absolu, nous sommes mouvance incandescente, lois cosmiques et énergétiques. Présence et absence. Semence et dévastation. Destruction et création. Expression de l'ordre d'un divin. Souffle de vie et de mort. Créer ce monde c'est le détruire. Etre le monde, c'est être l'expérience d'un amour qui cherche à s'exprimer dans l'infini et le fini, en accordante avec l'univers. Toucher ses limites, les dépasser, les exploser si nécessaire. Oeuvrer pour que cette vibration, sa pureté partout résonne et s'affirme. C'est parce que nous pensons réelle notre présence au monde qu'il se meurt. C'est dans l'effacement de notre représentation que ce monde peut vivre et se developper. Pour que la vie puisse être il nous faut accepter de lâcher ce que nous pensons être, comment nous pensons vivre. Il nous faut nous reconnecter à cette impulsion créatrice de départ née de ce rien qui mène à ce tout dans l'expression de sa pleine potentialité. Ce n'est pas tant la beauté de ce monde qu'il nous faut sauver mais la préciosité de sa beauté dans son absence de présence.

« Obsessions »

Qu'est-ce que l'obsession ? Suis-je obsessionnelle ? Est-ce que le simple fait de se poser la question veut dire que je le suis ou au contraire est-ce gage que je ne le suis pas ? Un obsessionnel s'inquiète-t-il de l'être ou l'est-il tout simplement ? Quand nous sommes pris comme ça dans nos fonctionnements aveuglément quelle vision de la vie mettons-nous en place ? Le monde est-il le même pour un parano, un obsessionnel, un peureux, etc ?

Chacune de ces visions est pourtant exacte pour celui qui la vit. C'est là toute la difficulté à amener un mouvement, une vision différente, qui ne serait après tout qu'une vision née d'un autre aveuglement.

Et si l'illusion c'est que tout est illusion ! Si notre plus grande illusion c'était cette recherche, cette exploration ? S'il n'y avait rien à trouver que la réalité dans laquelle nous nous débattons ? Alors, quelle partie en nous pousse à trouver ce sens, à explorer cet ailleurs qui n'est qu'ici et maintenant.

Qu'elle serait nos vies sans cette espérance qu'il y a plus grand, plus haut, plus noble. Cette réalité n'est-elle tout simplement pas trop petite pour nos égaux démesurés et n'est-ce pas eux qui désespérés de l'étroitesse qui s'offre à eux partent chercher ce plus grand qui correspondrait plus à leur propre image ? « La cuillère n'existe pas » c'est peut-être à cela que fait référence cette phrase. « c'est notre reflet qui se tord ».

Si l'illusion est illusion alors l'illusion de ce monde est-elle vraiment une illusion ? Est-ce le fait de penser que ce monde est une illusion qui est illusoire ? Ça me fait mal d'écrire ces mots, ça me fait même mal de les penser. Notre insignifiance ne serait-elle pas à son apogée si vraiment il n'y a juste rien, rien de plus que nous, tel que nous sommes sur cette terre dans ce système tel qu'il est sans aucun mystère supplémentaire, sans aucune vérité absolue à mettre en lumière. La recherche, l'exploration la quête de l'éveil ne s'expriment-elles pas tout simplement chez ceux qui sont insatisfaits de leur vie et qui ont besoin de la fuir en un ailleurs meilleur ou tout ce qui les fait souffrir aurait une raison, un sens autre que « c'est comme ça » ?

Tout cela est-il vraiment question de conscience ? Qu'est-ce que c'est que la conscience, être en conscience ? Si l'illusion est illusion alors n'est-ce pas ceux qui ne remettent pas en cause la réalité, la concrétude de leur quotidien qui pour le coup sont en conscience et les autres seraient perdus, égarés ? On dit souvent « nous ne savons pas tout » ou encore « nous ne savons rien » je ne suis pas d'accord avec ces formulations. Je pense qu'il serait plus juste de dire que « nous ne nous rappelons pas de tout ». Et si notre vie était un travail de mémoire. Si tout ça c'était dans la finalité l'observation que nous sommes univers, parcelle d'un tout qui se désagrège et se réunit plus loin, plus haut. Nous sommes résonances, engeances, souffrances, bienveillances. Suis-je capable de tolérance à mes propres idées? Souvent ce que j'écris me parait fou. Comment partager cela avec les autres. Comment arriver vers les autres avec un « Eh les gens, en fait nous n'existons pas vraiment, mais je crois que c'est une illusion de penser cela ». Qui n'aurait pas envie de fuir. Je me fuirai, je crois, si je le pouvais.

« Le comment du pourquoi, le pourquoi du comment »

Je me suis souvent demandée quand est-ce que tout cela avait commencé. Genre, la première question qui a ouvert cette porte que j'ai allègrement défoncée ainsi que toutes celles qui ont suivi. Je crois qu'en fait nous sommes programmés pour cela et que tout commence enfant dans notre phase « pourquoi » ? Ce premier pourquoi qui résonne dans l'univers d'un enfant alors la porte du savoir, de la connaissance, ce besoin de comprendre ce que nous voyons, ce qui nous entoure, s'entre-ouvre.

Un « pourquoi », un « comment » ce ne sont pas que des simples mots. Ce sont des portes d'entrée d'un nouvel univers, ce sont des dimensions qui se touchent et s'entrelacent. Ces deux mots ne sont pas vide de sens et de conséquence. Comme si à eux deux ils portaient la mémoire de l'humanité et qu'a chaque fois que l'un de nous les actionne il fait remonter un peu plus cette mémoire, ce savoir sur notre source, qui nous échappe. Ces deux mots ne se prononcent pas ils s'actionnent. Ils créent le mouvement, l'exploration, la recherche.

« Lutte intérieure »

Résonance de la vérité de nos illusions ou de l'illusion de nos vérités. Je nous vois souffrir, nous débattre avec nos questionnements sur l'Amour, le couple, la vérité, la justice. Chacun de nous de manière différente nous nous débattons contre nous-mêmes, contre les autres quand ils nous sont trop heurtant de certitude ou de manipulation.

Dans le fond ne devrions-nous pas tous pouvoir mourir dans le regard de l'autre, si disperser et le laisser nous reformer à sa guise librement dans l'expression d'un amour absolu. Que ne sommes-nous prêt à faire, à taire, à sacrifier pour nous sentir aimer, nous sentir libre ? Peut-on séparer l'Amour et la liberté ? Je ne pense pas connaître grand chose à l'Amour mais j'ai cette intuition qu'être Amour c'est être libre.

Si vraiment je m'aime alors je ne tolère plus aucun comportement qui ne soit pas juste envers moi. La moindre de mes décisions est prise depuis le centre, l'essentiel de celle que je suis qui mérite le beau, le bien et le vrai. Dès lors, je mets en place dans ma vie, mon quotidien ce beau, ce bien et ce vrai sans peur du jugement de la critique et en toute liberté dans cet Amour j'exprime qui je Suis.

Je voudrais en être là dans ma vie. Cela a l'air si simple à l'écrit. Peut-être que cela l'est et que ce ne sont que mon manque de confiance et mes peurs qui m'empêchent de vivre dans cet état de liberté d'Etre. Suis-je prête à m'épouser, à m'accueillir, à m'enfanter ? Comment attendre cela des autres si je ne suis pas sûre de pouvoir le faire pour moi-même ?

De quel droit le réclamer des autres ? Comment puis-je prétendre les accueillir, les enfanter si je ne peux le faire avec moi ? Est-ce un mensonge dans lequel nous sommes pour la plupart ? Prétendre être dans l'Amour, l'accueil, la bienveillance envers les autres alors que nous sommes incapables de nous les accorder ? Comment transmettre ce qui nous échappe ? Comment nous transmettre, imprégner l'autre si nous nous échappons à nous-mêmes ?

Si je ne sais pas où ne peux me définir alors comment définir ce qui m'entoure. Pourquoi est-ce si dure de me définir ? Ne serait-ce que professionnellement ? Ce blanc chaque fois qu'on me pose la question, ça me tue. Ces temps j'ai souvent envie de répondre « j'écris » non pas je suis un écrivain, juste j'écris... donc je pense... donc je suis. Voila l'essentiel dans le désordre de mon travail actuellement. Mais parce que j'ai peur du regard des autres si je réponds cela je reste dans mes balbutiements professionnels où je ne suis rien et tout à la fois. Elle est si dure à finir cette phrase « je suis... » ça a l'air si simple de mettre un mot, de la compléter mais pour moi actuellement c'est du domaine de l'impossible. En fait, je Suis et cela ne mérite rien de plus. La pureté de ce que je suis ne devrai être entravée par aucune étiquette, petitesse ou limitation. JE SUIS et dans cet état que l'Amour résonne et s'exprime à travers moi. Qu'il soit l'ultime son de ma vie.

«maison…. sanctuaire »

Dans une maison les mouvances des émotions s'expriment créant les situations, les conflits mais cela devrait être notre chez nous où nous pouvons librement exprimer qui nous sommes où le seul message que nous devrions entendre c'est « donne moi plus de toi, exprime plus qui tu es, ne te limite pas ».

Dans « mon » sanctuaire je vais me réfugier quand dans ma vie, dans ma maison, le manque de paix et de silence se font trop pesant. Etre ce sanctuaire ou sans un mot, juste sur un regard, une invitation au silence réveille cette pacifiance, cette sérénité. Etre cette immuable beauté de la vie dans la tourmente.

« Est-ce nos erreurs qui nous définissent ou ce que nous en apprenons ?»

Je réclame très fort mon droit à l'erreur, à la peur, à la faiblesse, à la lâcheté, mon droit d'être perdue, celui de ne pas savoir, parce que je suis un tableau en cours de création, une symphonie en cours de composition. Je développe des qualités, certainement maladroitement, mais à mon rythme, à ma manière, je fais ce que j'ai à faire, je fais ma part pour que le courage, la force, la volonté, la confiance s'exprime en moi de manière plus constante.

« Il était une fois …. Quoi ? »

On dit que le temps n'existe pas, le temps chronos, que tout se réfléchit se pense en

espace-temps. Nous avons tous expérimenté ou vécu cette sensation d'avoir rencontrer l'autre mais pas au bon moment.

D'où nous vient se référentiel, parlons-nous vraiment du temps chronos ou plutôt d'un cycle? Que cette rencontre intervient à un moment de notre cycle ou nous ne sommes pas prêt ou ne pouvons l'accueillir, la vivre pleinement.

Je me suis demandée si au contraire ces rencontres arrivent au moment le plus parfait dans l'évolution de notre cycle. Comme si cela venait appuyer une demande, une attente. Comme si cela répondait à un: « tu en as marre de cette situation ? Tu veux vraiment vivre cela ? OK, tu le vois ce virage qui s'amorce c'est exactement ce que tu désires. Maintenant que c'est là, à ta disposition, es-tu prêt à lâcher les murs de ta vie et à prendre le virage » ? Bien souvent nous ne le faisons pas. Nous effleurons cette possibilité, nous la caressons et la laissons partir souvent à regret. Et pourtant l'amorce de ce virage a fait son travail. Elle a montré la limite des pas que nous sommes prêts à faire.

Nos relations devraient être comme des courants d'air. Venir à nous, de manière inattendue, sentir ce frais, cette bouffée d'air pur, nous caresser, nous envelopper puis continuer sa route. Nous devrions être le courant d'air dans la vie des autres. Apporter cette fraîcheur, cette sensation de bien être qui y est liée puis s'en aller. Si nous avions ce détachement dans nos interactions nos vies ne seraient-elles pas plus légères? Accepter que nous nous faisons travailler les uns les autres et que c'est tout, que cela peut prendre différent cycle plus ou moins long et fin de l'histoire. S'obstiner à enfermer nos vies dans une seule grande histoire, l'histoire supposée de notre vie quoi ! Alors qu'elle est composée de tant et tant de petites histoires qui s'inscrivent dans une grande histoire mais pas celle de notre vie individuelle mais plutôt collective.

C'est quoi la grande histoire de l'humanité ? C'est quoi l'histoire de la planète terre ? Si elle devait commencer par ce fameux « Il était une fois » … une fois quoi … un univers, une galaxie, un cosmos, une voix lactée, des planètes, des étoiles, des sons, des vibrations, de la lumière, des cellules, des bactéries, du vivant … c'est quoi l'histoire de tout cela?

Quel cycle les a mis en interaction ? Si nous ne nous arrêtions pas à vouloir raconter notre histoire mais bien cette Histoire dont nous avons perdu la mémoire, le sens. Quand on y réfléchit pourquoi, sommes-nous la seule planète avec des Etre-Humains ? C'est quoi notre but ici ? C'est quoi le travail de la terre ? Quelle conscience développe-t-elle ? Et si la voie lactée était la reine, la terre la fourmilière et nous les fourmis et que par impulsion magnétique, par pollinisation d'onde la voie lactée (reine) donnait naissance à ce dont la fourmilière (terre) a besoin à travers nous (fourmis).

Elle crée donc les formes dont l'ensemble a besoin qu'elles soient dévastatrices, cruelles, belles ou joyeuses. Elle nous imprègne en fonction du besoin de l'ensemble. Nous répondons à cet ensemble dans toutes les problématiques de nos vies. Comme si la recherche était « comment » se vit « ceci ou cela » à différentes échelles. C'est quoi une relation juste entre planètes, animaux, végétations, humains et en interagissant tous ensemble. Cela a-t-il le même impact, la même signification, la même valeur à toutes les échelles ?

« La magie de la présence … la présence de la magie »

Dans les relations l'important n'est-il pas dans le fond d'avoir conscience que l'autre, cet autre, existe. Qu'en une respiration nous pouvons nous connecter à son essence, sa présence. Le contact physique a son rôle à jouer mais au-delà de tout, nos liens à l'autre le sont bien au-delà du physique. Quand l'autre est présent dans son absence physique cela prouve bien que nos connexions se font à un autre niveau. Nous pouvons vraiment sentir l'autre, être en sa présence par la simple forme de nos pensées et souvent au lieu d'être bluffé par la magie et la puissance d'un tel fonctionnement nous le réduisons à une interprétation filtrée par l'émotionnel tel que la douleur de son absence, etc. Alors que concrètement ce que nous expérimentons c'est sa présence et notre capacité à être en présence.

« Miroir, mon beau miroir … es-tu Vérité »

Un ami a partagé ses interrogations sur la notion du « reflet ». Son questionnement m'a interpellé, j'ai aimé cette question qu'il se posait et nous posait du coup. Avec un peu de recul et basé sur des référentiels sociaux, juste là, pour moi le reflet ramène à l'image perçue de soi et celle perceptible par les autres, sans en être notre essentiel. Notre reflet, l'expression de son asymétrie (puisqu'il fonctionne comme un miroir) est-il la preuve de la symétrie de notre système ? J'ai en tête un épisode d'Ulysse 31 où il y avait un miroir qui montrait qui nous étions vraiment au-delà de notre aspect. Ou encore dans les mythes Narcisse qui tombe amoureux de son reflet dans l'eau. Le piège n'est-il pas de faire de notre reflet ce que nous sommes ? Penser que ce que nous voyons de nous est ce que nous sommes. Combien de temps restons-nous piégés dans cette croyance ? Combien de temps pour se libérer des appréciations, des jugements, des étiquettes collés à ce reflet. Et si nos reflets ne devaient que nous mener a la Vérité de qui nous sommes au-delà des apparences physiques ? Reflets, illusions, vérité est-ce intimement lié ?

« Encore ? ! ... Toujours ! ! »

Cela me ramène, encore, à la scène de Matrix avec la cuillère qui se tord. « la cuillère n'existe pas »... nous n'existons pas c'est notre reflet qui se tord. L'illusion est-elle le reflet qui se tord dans la matière ? Je cherche à imaginer, plutôt, à visualiser un monde, notre monde sorti de son illusion d'immeubles, de tables, etc ... forcément je n'y arrive pas. Peut-être est-ce tout simplement faux de vouloir le visualiser de la sorte. Est-ce même une manière de le rendre « réel » ? Si je ne peux le concevoir autrement alors cet autrement n'existe pas et me voila rassurée sur la concrétude de notre vie, notre univers. Je peux donc continuer comme si de rien. Quelle hypocrisie. Vouloir penser le monde, toucher des concepts et reculer ou fuir quand ce qui est touché ne nous convient pas ou nous fait peur.

Tu parles d'une exploratrice ou d'une aventurière. C'est comme si un scientifique arrêtait une expérience parce que les résultats lui faisaient peur ou le mettaient dans l'inconfort.

Je sais, je sens profondément que j'ai le droit d'avoir peur ou de ne pas apprécier ce que je mets en lumière et que si je reste dans cette bienveillance je suis une sacrée exploratrice, aventurière et scientifique, parce qu'à mon rythme j'avance toujours sur ce chemin, je me plie à cette force intérieure et j'évolue parfois dans l'inconfort, l'incompréhension, le doute mais, aujourd'hui, tout cela fait parti de mes forces, ma volonté, ma vigilance. Je suis belle dans mes hésitations. Elles me permettent de ne rien enfermer dans des vérités absolues. Je sais que je ne suis personne pour me permettre de chambouler comme ça les théories, les concepts et c'est justement parce que je ne suis personne que c'est mon droit de le faire. C'est parce que je ne suis personne que je suis chacun d'entre nous. Je suis chaque homme, femme, enfant, animal, végétal, minéral de cette terre. Je suis expression et vivance de tout cet écosystème dont je fais partie.

« Aime-toi bordel ! »

Plus je m'efface plus je prends ma juste place dans ce monde et dans cet effacement pouvoir accompagner, guider les autres dans les méandres de leur dédale psychologique. Guérir ce monde, notre société c'est quoi ? Est-ce que guérir c'est éduquer à la conscience, à l'amour, à la bienveillance ? Des fois je voudrais crier au monde « AIME-TOI DANS TES ERREURS, TES FAIBLESSES, DANS TES PEURS … AIME-TOI BORDEL ». Tout cela n'est que le reflet de la beauté de l'être qui cherche à émerger, à fusionner en toi. Tes erreurs t'apportent la richesse de l'expérience. Tes faiblesses la richesse de ta force. Tes peurs la richesse de ta confiance. Alors pitié, aime-toi, aime-nous dans nos défis. Accueille-toi, accueille-nous comme une mère accueille son enfant dans cet amour sans attente ni espérance.

« Ça se travaille... ou pas »

Chaque fois que je regarde une video d'un live de worakls, je suis bluffée parce qu'il dégage. Il ne compose pas, il ne joue pas un set, il EST la musique. La moindre expression de son visage, ses mains sont l'extension des notes composées. Il s'approprie vraiment son oeuvre en la transmettant, la partageant avec les autres. Je voudrais être dans son esprit dans les instants ou il compose, ceux ou il joue. Pouvoir toucher le chaos intérieur, ses dimensions dans lesquelles il se balade. Est-ce cela la créativité ? La vraie ? Celle que tu ne te contentes pas d'écrire, de composer, de peindre mais celle que tu es dans chacun de tes actes dans ta vie ? Transmuter cette souffrance intérieure et lui donner un éclat, une lumière, une brillance, une résonance. Ne pas écrire sur l'amour... être l'Amour, ne pas composer sur la mort...être la mort, ne pas peindre la solitude... être la solitude.

Amour, mort, solitude même moi qui écris à l'instant ces trois mots ensemble, leur association me parait incongrue. On s'attendrait à des mots plus joyeux pour accompagner l'Amour, non ? Et si malgré tout, cela avait un sens ? L'Amour de Soi ne mène-t-il pas à une mort de comportement nocif et avilissant. Se sortir de ces comportements mène à une forme de solitude puisque les autres « ne nous reconnaissent plus » du fait que « nous ayons changés ». Cela n'est peut-être pas si incongru dans le fond d'associer l'Amour, la mort et la solitude.

« Floutitude »

Est-ce le fait de ne pas réussir à me définir qui donne cette impression de « floutitude professionnelle » ou est-ce justement ce qui me permet une créativité sans limite, puisque, exprimable dans tous les domaines ? Je sais que notre société attend un pedigree bien brossé des personnes mais je suis incapable d'en fournir un. Est-ce ce qui me sauve ou est-ce ce qui me plombe ? Pourquoi ne puis-je pas le faire ? Est-ce par réel difficulté à résumer, synthétiser en quelques mots qui je suis ou est-ce une pseudo rébellion intellectuelle, le fameux « F...k le système » genre vous m'aurez pas avec vos cases, vos étiquettes. Et pourtant si c'est fait par réflexe puéril non seulement j'ai une case mais par mon inconscience du « pourquoi je fais les choses », je m'enterre dans cette case ! C'est le cas je pense dans tous les domaines, endroits, de nos vies ou nous faisons les choses, prenons des décisions sans clairvoyance, sans conscience du pourquoi. Chaque fois nous nous enterrons un peu plus. C'est même pas tant que l'on s'enterre, c'est plus que nous nous « en-matiérons ».

« Laisse-moi être ce poison qui s'insinue en toi »

Je voudrais être en ta présence, toucher ton chaos, ta créativité et mourir à tes illusions. Je voudrais que lentement dans un mouvement infini tu m'envahisses et que dans cet absolu ma puissance résonne. Laisse-moi Etre. Fais-moi devenir. Montre-moi tes dimensions et à l'unissons disparaissons en elles. Aspire-moi. Fais de ma vie un vortex qui soit l'expression du possible. Guide-moi. Perd-moi. Ordonnance-moi. Et dans chacun de ces mouvements soit Amour. De tes sons fais de moi ta vibration. De ta créativité fais de moi un Univers. Définis-moi. Libère-moi. Ecorche-moi. Détruis la forme que j'étais pour qu'enfin je Sois. Que mes mots soient à ton service et ne fassent qu'exprimer ta volonté et ta puissance. Fais-moi peur. Donne-moi envie de fuir. Laisse cette vivance couler et s'exprimer en moi. Où es-tu? Cherche moi. Trouve moi. Ne me laisse pas ici sans toi. Fais de moi ta musique. Composons ensemble. Sois mon métronome je serais ton chef d'orchestre. Laisse-moi être ta partition, soit la mienne. Fusionnons. Soit mon tout. Je serai ton rien. Entre rires et larmes posons les armes. Je voudrais mettre en mot tes notes. Que nos univers se rencontrent et dans cet acte ultime créatif qu'ils ne fassent plus qu'un. Je t'en supplie viens. Savoir que tu es là, que tu existes est à la fois réconfortant et une forme de souffrance. Laisse-moi pénétrer ton esprit. Le posséder. Laisse-moi donner vie à ton chaos. Laisse moi être cette clope que tu fumes. Laisse-moi être ce poison qui s'insinue en toi. Laisse-moi être ton antidote et être ce souffle de Vie libérateur et guérisseur. Laisse-moi être tes peurs. Tes failles. Ta rédemption. Ta force. Laisse-moi être ces contraires, ces opposés, cette dualité. Laisse-moi être tes mains qui courent sur ce piano, l'expression de ton visage, ton sourire, tes soupirs. Est-ce que tu sens mon appel ? Ma soif de ta créativité. As-tu conscience de mon existence ? Ressens-tu ma présence ? As-tu soif comme je suis assoiffée de ton image, de tes sons.

Comment autant d'univers peuvent-ils habiter en une personne ? Comment faire pour les canaliser, les équilibrer pour finalement composer une telle perfection ! C'est même pas que tu composes, tu crées des vortex ou tous ces différents univers se rencontrent et fusionnent pour créer cette vérité qu'est ta créativité. Je voudrais tant savoir comment tu perçois le monde, comment cela se présente à toi. En souffres-tu jusqu'à que tu accouches de ta musique ou est-ce joyeux tout le long du mouvement ?

Peut-on tomber amoureuse d'une musicalité, d'une oeuvre, d'une composition ? J'aime ta créativité et j'aime ce qui en prend forme cela ne veux, pour autant, pas dire que c'est toi que j'aime. L'expression de ta créativité m'émeut au plus haut point. Je pourrai m'incliner devant toi mais pas pour ce que tu représentes mais ce que tu Es … putain est-ce seulement possible que l'expression d'une telle perfection s'exprime sur terre. Comment fais-tu pour la ramener ici-bas. Les mots malgré leur élégance, leur charme, leur poésie sont frustrants parce qu'ils ne feront jamais qu'exprimer un résidu de l'essentialité, de la beauté et de la vérité touché. Peut-être est-ce le cas avec tous les moyens d'expression mais j'ai l'impression que la musique ou la peinture peuvent plus facilement transcender les limites de leurs structures pour exprimer un absolu. Ou alors est-ce moi qui n'arrive pas à sortir du cadre de ce que sont les mots.

« Elégance »

Aujourd'hui je vois même de la poésie dans des formules mathématiques ! Il y a une élégance dans ce qui nous permet d'interpréter notre univers qui jusque là m'avait complètement échappée. Aujourd'hui cette poésie, cette élégance, cette douceur m'accompagnent, me nourrissent, m'émeuvent. Je voudrais savoir les exprimer. Il m'arrive de m'arrêter et de juste observer la beauté des nuages dans le ciel et de ressentir que leur texture a changé. Comme si cette beauté et cette élégance marquaient plus les contrastes de notre réalité. Un peu comme si la végétation, les roches et le ciel étaient plus présent, comme déposés, dessinés au milieu des immeubles, voitures, etc. Il y a une luxuriance de présence de la végétation qui jusque là m'avait aussi échappée. Une richesse des couleurs et des saveurs dont je m'abreuve et me nourris. C'est comme si je découvrais le monde qui m'entoure pour la première fois ! Du coup je m'interroge où ai-je été pendant toutes ces années, où mon regard se posait-il pour que tout cela m'échappe à ce point ?

« L'Amour existe puisque je Suis. L'Amour existe puisque nous Sommes. »

Tu es la, pas loin. Je le sens. Je le sais. J'ai envie d'écrire que je t'attends pour commencer mais en fait c'est faux. J'avance encore et toujours. Je pousse des portes, pète des murs et c'est parce que je fais cela que je sens ta présence. C'est tous ces mouvements qui me mènent à toi. Rencontrons-nous, s'il te plaît, il est temps. Je suis prête. Continuer sans toi n'aurait aucun sens. Est-ce que je parle d'une personne ou tout simplement de l'Amour ? Si je ne le fais en ton nom alors je ne suis rien qui ne puisse agir ou interagir. Cela fait des mois que je me questionne sur toi, sur ce que tu es, comment tu t'exprimes et plus je pense te perdre de vue plus ta présence se fait sentir. Même si je ne définis toujours pas complètement ce qu'est l'Amour je sais que je m'aime. L'Amour existe puisque je Suis. L'Amour existe puisque nous Sommes UN et immuabilité dans son expression. Je ne saurai dire si l'amour est à l'origine de la vie ou plutôt sa source. Peut-être que le big bang est la résultante de la créativité de cette amour. Une chose est pourtant claire, l'amour nous pousse a créer des relations justes, humbles et harmonieuses avec nous-mêmes.

« Vous prendrez bien un peu d'imperfection? »

Qu'est-ce que la liberté ? De nos jours cela est pour beaucoup ne plus dépendre de l'argent. Mais l'argent n'est qu'une énergie comme une autre. Derrière ce besoin de se libérer du joug financier ne parlons-nous pas de ne plus être manipulé tout simplement. Et si être libre c'était ne plus se mentir à soi-même ? Etre juste dans nos choix parce que conscient de pourquoi nous les prenons. Nous sommes nos propres manipulateurs, nos propres mensonges et nous pensons nous en émanciper en manipulant les autres, en les enfermant, en les noyant. Est-ce la que l'Amour intervient ? Pour cesser de nous manipuler et être manipulé devons-nous être aimé non pas d'un amour extérieur mais bien de cet amour que nous devons apprendre à nous porter ? Et c'est parce que nous apprenons à nous aimer que nous nous autorisons les erreurs, les échecs, que nous accueillons nos défis. S'aimer ce n'est pas chercher la perfection c'est au contraire accepter d'exprimer nos imperfections. Je ne me veux pas parfaite. Je suis parfaite et dans cette perfection j'accueille mes ignorances, mes peurs, mes souffrances. Elles sont ce qui me mènent à la sagesse, à la confiance, à la libération. De mes imperfections naît ce pouvoir, cette volonté de résonner et d'aimer.

J'entends souvent dire qu'il faut être dans la gratitude. J'avoue que le concept m'échappe. C'est quoi la gratitude ? Etre remerciant ? S'émerveiller ? Apprécier la vie ? Souvent j'ai la sensation qu'on nous demande d'être des « bonzes » capables de tout accueillir sans colère, sans peur. Comme s'il nous fallait être parfait face aux événements de nos vies. Et à chaque fois cela me renvoie à mon incapacité à la « bonze attitude ». Sans me laisser déborder ou envahir je ressens de la colère, de la peur, de la tristesse, du vide, du plein, de la joie, de l'émerveillement, de l'impatience, de la lassitude, de la fatigue et j'en passe. Mais n'est-ce pas justement notre capacité a ressentir et percevoir ce qui nous entoure à travers nos sens, nos corps qui rend l'aventure merveilleuse ? Etre capable de détachement, de savoir ou plutôt de pouvoir laisser partir ce qui doit partir ça ne veut pas dire ne rien ressentir. Je ne pense pas qu'il soit correct de rechercher une froideur absolue face aux expériences que nous traversons. Et si le « secret » c'était d'être capable de ressentir sans se laisser submerger. Etre triste sans ressentir de tristesse. Pouvoir même comprendre que dans son expression la plus haute, la plus subtile à travers cette tristesse c'est la joie qui cherche a s'exprimer. Un peu comme s'il nous fallait trouver l'alchimie parfaite, l'équilibre salvateur entre ressenti et être. Nous ressentons nos émotions nous ne sommes pas nos émotions.

« Vois-moi ! Putain vois-moi ! »

Si aujourd'hui je me rencontrais aurai-je cette curiosité de moi ? Aurai-je envie de me découvrir ? De goûter ma saveur ? Aurai-je le désir d'explorer mes univers et m'y perdre ? Aurai-je la volonté et la force d'accueillir toutes mes dimensions ? Je crois qu'aujourd'hui je mériterai de faire ces efforts pour aller à ma propre rencontre. Peu importe qui je suis puisque l'entièreté de mon expression ne se fait, ne prend racine que dans le collectif et la coopération. C'est parce que NOUS sommes que JE suis et c'est dans ce nous que la pleine potentialité de mon « je » s'exprime.

« Singularité »

Je suis une part de l'humanité et à travers cette humanité je suis cellule vivante, un électron libre. Je suis les éléments qui se déchaînent, je suis destruction, je suis espérance, je suis fulgurance.

Nous sommes la singularité d'un ADN qui se meut dans l'illusion de la vivance. Je vis des moments de grâce, merci ! La beauté de la symphonie qui accompagne ma vie depuis la rencontre de tes compositions est innommable. Aucun mot, texte ne peut décrire cela. C'est tellement plus grand que toi et moi... Merci.

Cette obsession du « se sacrifier pour l'autre, pour le protéger » alors que c'est tout l'inverse que nous faisons en maintenant des formes obsolètes en place. Comment protéger l'autre si en nous sacrifiant pour lui nous l'empêchons de se connaître, de se toucher, de traverser ce qu'il à besoin de traverser pour Etre. Bien souvent les personnes confondent détruire une forme et détruire une relation. Ce n'est pourtant pas la même chose. Concrètement je n'ai aucun problème avec mon mari, ma famille, mes ami(e)s, etc... par contre nos modes de fonctionnement peuvent coincer.

Chaque interaction crée une forme dans laquelle nous évoluons en fonction de ce que chacun travail et c'est bien ce fonctionnement qui a un moment crée une sensation de mal être ou d'emprisonnement. Clairement si quand vous rencontrez l'autre il voit en vous la « mère protectrice » et que vous voyez en lui « l'enfant ou l'ado à protéger » vous créer une forme ou chacun à son rôle définit et dont il va se nourrir et s'épanouir.

Mais si au fil du temps vous ne voulez plus être sa « mère » mais tout simplement sa femme et que lui ne bouge pas de son rôle « d'enfant ou d'ado » alors se crée la dissonance et les conflits se mettront en place. Non pas parce que vous et lui avez des problèmes mais parce que votre mode de fonctionnement ne sera plus équilibré. Et c'est se déséquilibre dans la forme qui sera mise à mort pour mettre en place une forme plus juste ou l'amour (de Soi) puisse s'exprimer et prendre place. Bien souvent au stade conflictuel nous nous séparons alors que nous n'avons même pas fait l'effort de transmuter la forme.

« Femmes »

J'ai longtemps cru que c'était un homme qui nous faisait devenir femme. Aujourd'hui je pense que l'homme nous aide à éveiller une féminité, une sensualité mais que devenir femme est un cheminement intérieur. Je ne suis pas encore certaine de tout ce qu'implique être femme mais il y a dans cette naissance à mes yeux quelque chose de l'Amour de Soi et de la relation juste à Soi. Souvent être femme c'est accompagné avec cette notion de « vivre pour l'autre » peut-être est-ce lié à la maternité je ne sais pas. Pourtant aujourd'hui dans ma vie, même si c'est encore flou, je suis femme parce que je vis pour moi et non pour faire plaisir aux autres. Plus je m'affirme, prend mes responsabilités, plus j'affirme la femme que je suis. Mes droits résonnent dans ma vie. Je pose les limites de ce qui est acceptable à mes yeux ou pas. J'embrasse le monde qui m'entoure avec compassion parce que dans mon affirmation, dans mon « je suis » il n'y a ni peur, ni rancoeur, ni colère. Comment faire de l'autre qui il est si notre posture de départ, notre rencontre n'est pas « au bon endroit ». Une mère et une femme n'ont pas les mêmes attentes. La mère élève, éduque. La femme construit et crée. Peut-être est-ce pour cela que ces derniers temps les « artistes » m'interpellent parce qu'il y a un côté créatif que j'associe avec la prise de conscience de ce fameux « je suis ». Ce lien est peut-être erroné mais pour moi aujourd'hui il fait sens dans l'expression de l'art au service de l'affirmation de la femme et de l'homme.

J'entendais l'autre jour une femme dire de sa fille « cette gamine elle ne sourit jamais, je voudrais qu'elle soit heureuse ». J'ai trouvé intéressant cette manière d'interpréter les expressions du visage de sa fille. J'ai eu envie de lui dire « combien de fois dans votre vie avez-vous affiché un sourire de façade, de convenance ? ». Le sourire est-il gage d'un état forcement heureux ? Ne peut-on sourire de tristesse, de lassitude, de solitude ? Qu'un mouvement si joli, qui, quand il est sincère illumine un visage puisse aussi être révélateur ou expression de moins de joie ça à quelque chose d'étrange.

Le seul sourire qui ne ment pas c'est celui des yeux. Ne serions-nous pas plus juste si nous interprétions ce que les yeux laissent « transpar-Etre » plutôt que l'expression d'un visage ?

« Vivre aveuglément … en beuglant »

De la difficulté de communiquer avec Soi avant de réussir à communiquer avec les autres. Nous essayons toujours de nous faire comprendre de l'autre alors que bien souvent nous interprétons faussement nos propres impulsions, besoins, désirs. Si je ne suis pas au clair sur le pourquoi j'agis, pourquoi je décide ou pas de ma présence en un lieu, auprès des autres alors comment puis-je communiquer au plus juste, comment être dans une écoute attentive du monde qui m'entoure si déjà je suis sourde à ma propre voix. Bien souvent quand nous communiquons avec les autres nous ne cherchons jamais à savoir ce que les mots que nous utilisons et échangeons veulent vraiment dire pour nous. Ma notion de s'investir dans un travail est-elle la même que la vôtre ? Nous pouvons être en accord sur le sens du mot mais pas son application. Du coup, bien souvent, dans une discussion on se retrouve à ne toujours pas s'être entendu et être déçu dans nos attentes.

Le premier pas ne serait-il pas de se questionner sur le sens des mots que nous employons ? Si je te dis que nous avons tout seras-tu d'accord ? Mon « tout » correspond-il au tien ou plutôt à un « rien » chez toi ? La définition d'un mot n'a dans le fond que peu de sens si nous ne savons pas de quoi nous le nourrissons. Il m'a fallu des années pour commencer à questionner cela. Sortie d'une définition sociétale, familiale, qu'est-ce que pour moi la folie, l'amour, la mort, la vie, etc. Et plus j'ai répondu seule à ces questions, plus j'ai compris le monde que je mettais derrière chacun de ces mots, plus l'« inconcrétude » de mon existence a été flagrante. Ne rien savoir de l'univers, de la biologie, des sciences, de la philo, de la justice, de la politique et vivre... putain vivre aveuglément, bêtement en beuglant.

Quelle douleur, quel électrochoc de prendre conscience de ce fonctionnement et, je me pensais intelligente, éveillée, clairvoyante... Je passais mon temps à mettre ces qualités en avant chez moi. Aujourd'hui j'espère les porter mais plus de certitude là dessus. Profile-bas ma fille. Je pourrai presque me dire « marche droit et tais-toi ». Apprendre à se taire voila qui m'a demandé (me demande !) un effort. Comprendre quand je peux être entendu ou pas. Se taire pour ne pas nuire au groupe. Voyager entre la puissance des mots et la puissance du silence. Adapter mon rythme au rythme de l'autre pour que tout seul il voit ses systèmes de croyance. Comment mener l'autre à lui, comment le guider, l'éveiller si déjà nous ne sommes pas sûrs de savoir le faire pour nous.

> « Vous reprendrez bien un peu de représentation ? »

Que serait une vie sans notion de représentation de Soi ? Est-ce possible à l'échelle humaine ? Est-ce notre propre représentation qui crée le chaos ? Et du coup l'ordre s'établirait-il en l'absence de représentation ? Si je ne me représente plus alors suis-je tout simplement ? Si je suis alors est-ce que je participe de ma seule présence au plan même si je suis incapable de le concevoir pleinement ? Qu'est-ce que je perçois de ce plan à une échelle bien plus grande que moi ? Souvent il est dit que le plan c'est que l'Amour résonne sur terre mais j'en reviens à mon interrogation, c'est quoi l'Amour ? Qu'est-ce que chacun de nous met derrière ce mot? Dans chacune de nos expériences allons-nous tous vers le même sens de ce mot ou chacun de nous valide-t-il sa propre définition ? Et si c'est le cas alors comment revenir à son unité première, sons sens initial, sa saveur primale ? Tout cela est tellement intellectualisé ! Cette sensation de penser trop étroit ! Mais même cette réflexion est purement représentation de ce qu'est une pensée limitée. Après tout les limites ne sont-elles pas subjectives et tout comme la cuillère n'existe pas, il n'y a pas de limite à mes réflexions, pensées puisqu'elles sont par essences infinies. Sommes-nous des organismes creux, vides, des polaritées, des énergies, des atomes, des particules ? ! Quelle tête aurions-nous si nous pouvions voir nos atomes au lieu d'un corps dense recouvert de peau ? Alors que beaucoup sculpte leurs corps aujourd'hui, perso, quand je regarde mon reflet ma seule interrogation c'est « qu'est-ce que je dégage ? C'est quoi ma vibration ? Qu'est-ce qui émane de moi » ?

« Impédance »

Un regard. Une vie. Un possible. Invente-moi. Nomme-moi. Fais de moi cette symphonie qui composerait nos vies. Résonne en moi. Fais moi mourir à celle que j'étais et renaître à celle que je suis. Allume-moi de ton souffle. Sois ce vide dans lequel je me répands. Sois cette expression dans mes yeux qui ne laisse place qu'à l'évidence de qui nous sommes. Sois mon « invincibilité ». Laisse-moi être la source de ta vie, tes ennuis, tes rires, tes doutes. Laisse-moi t'habiter. Rejoins-moi. Rejoins-nous. Sois mon envahisseur. Je serai ta terre promise et dans l'omniscience de cet amour orchestre moi, peins-moi, écris-moi, chante-moi, vis-moi !

C'est marrant comme en ce jour tout me paraît intuitif. Comme si ce que nous savons de la structure, de la géométrie de notre univers, notre terre était en opposition avec la manière dont tout prend forme dans notre quotidien, notre vie. Comme si la structure même de notre monde n'en permettait pas son expression et pourtant nous sommes là, expérimentant, vivant ou n'y sommes-nous pas dans le fond ? ? Si tout est vibration et fréquence peut-on dire que dans tout il y a également électricité ou flux électrique ? Si c'est le cas la psyché, le psychisme sont-ils impulsions électriques ?

En méditant j'ai eu le mot « impétuance » dont la définition, l'étymologie, m'ont mené au mot « impédance ». En très synthétisé l'impédance c'est le rapport tension/courant ou plus clairement la résistance, non l'opposition, au passage du courant alternatif. J'ai lu qu'on pouvait également parler de l'impédance du son, de celle du corps humain.

Qu'impédance vient du latin « impédire » qui signifie « entraver ». L'impédance du corps humain dépend de la résistance de la peau, des muqueuses. Cela m'a mené a la question sur la psyché et le fait que celle-ci soit un flux électrique. Cette idée me fait sourire comme si j'avais juste là un instantané de ce qui se passe actuellement en moi, quel mécanisme s'y joue. Si tous mes questionnements m'avaient menés à cet instant ou mon psychique fait de la résistance, s'oppose, entrave les vérités que ma psyché essaie de faire passer, d'imprégner, d'engranger en moi.

Suis-je une plaque d'impression ? Le sommes-nous à l'échelle humaine ? Si l'impétuance des mises à nues de nos vérités éveillait l'impondérance de nos certitudes et de nos solitudes ? Suis-je capable d'être ce réceptacle et de simplement agir ? Ai-je la force de tout lâcher (représentations, croyances, certitudes).

Ai-je cette volonté ? Puis-je un à un ouvrir les verrous, les cloisonnements de ma vie ? Puis-je les désinstaller comme je le ferai d'un programme informatique ? Puis-je ré-encoder ma vie ? Faire de la « floutitude » de ma vie un domaine du possible dans son expression la plus pure, la plus démunie de tout préjugé et enfermement ? Puis-je être l'expression de ma liberté et la devenir dans chaque souffle, dans chaque émanation de celle que je suis ? Puis-je être ce feux d'artifice, cette « étincelance » dans le noir de mon regard ? Puis-je résonner en chacun de vous, comme vous résonnez en moi ? Soyez mon unité, je serai votre tout et de notre reliance que l'expérience nous mène à la source de toute chose.

« une simple larme »

Je voudrais pouvoir dire que tous les jours je vous aime. Que je nous aime comme en ce dimanche matin. La réalité c'est pourtant que la majorité du temps notre ignorance m'effraie. Bien souvent je ne sais pas par quel bout nous prendre. Ce qui me fait peur chez vous, en vous n'est que le reflet de ce qui me terrorise chez moi, en moi.

Pourtant de notre laideur et noirceur apparente je vois les potentialités de ce beau, de ce merveilleux, de ce lumineux. Merci à chacun de vous. Merci à chacun de nous. Merci à ce nous qui se balbutie, qui chute, qui s'égare mais toujours cherche à s'exprimer, à se réunir, à s'aimer. Nous sommes l'humanité et en tant que tel notre pouvoir est infini. Il n'est pas juste question en tant qu'humanité de faire partie, d'être l'expression du vivant. Nous en sommes les garants, les gardiens, les protecteurs. Ne pas le respecter ce n'est pas juste « tuer notre maison » c'est piétiner, assassiner notre raison d'être. C'est se détourner du but collectif de notre présence ici bas.

Nous sommes les gardiens de l'expression d'un ordre qui s'affirme dans l'intelligence, la magie de sa diversité et la beauté de sa vivance. Du chaos nous faisons naître l'ordre juste et absolu de ce qui Est. En cela nous sommes indispensables. Notre insignifiance ne remet pas en cause notre indispensabilité.

C'est un de ce moments ou je me sens en état de grâce. Touchée par ce merveilleux. Les larmes au bord des yeux pourtant aucune tristesse. Juste de l'émoi face à la puissance du ressenti d'appartenir à un ensemble. D'oeuvrer bien au-delà de moi au bien commun de cet ensemble. N'être personne et pourtant manquer de ma présence si je ne fais pas ma part. Parfois je me demande comment en l'espace d'une heure autant de direction de pensée peuvent se manifester ! Puis-je me perdre à les laisser courir ainsi. A les observer, les caresser, les triturer. Cela peut sembler partir dans tous les sens et pourtant je ne traite dans tout cela que du même sujet. C'est juste le point d'observation, plutôt la perspective qui change. Comment attendre des autres qu'ils me suivent dans ce dédale si déjà je ne suis pas certaine de m'y retrouver !

Pourquoi ce besoin que les autres me suivent comme si, en leur absence, je n'allais pas y aller. J'y suis déjà. C'est peut-être pour cela qu'aujourd'hui cette espérance s'exprime en moi. J'y suis. Putain j'y suis !

Je ne sais pas si j'ai envie de le crier au monde, d'en verser des larmes ou de juste rester là abasourdie par ce fait.... J'y suis. J'ai poussé la porte. Passé le seuil.

Je me suis abandonnée enfin. Je pleure aussi enfin devant la beauté de cette découverte. Une simple larme coulant au son d'un morceau de piano. Une simple larme portant en elle des mois, des années de questionnement, d'errance, de perdition. Une simple larme représentant un univers d'idéal, de croyance, de faux-semblant qui se meurt. Une simple larme incarnant ce nouveau, ce plus grand, plus large, plus beau qui s'installe et se répand de tout son Etre. Une simple larme synthèse d'une vie, de naissance et de mort. Une simple larme me portant comme je porte ce monde. Comme vous me portez. Une simple larme.

« Merci »

Plénitude, gratitude, voilà de quoi s'accompagne cette journée. Il y a une puissante émergence de la beauté, de l'amour et de la sagesse. C'est quand je ressens cela, que j'en prends conscience, que je touche pleinement que tout ceci nous dépasse. C'est tellement au-delà de moi, de vous, de nous.

Soyons égoïstes… aimons-nous. Ne soyons pas naïfs. Rien n'est à nous à proprement parler. Nous ne faisons que détenir nous ne possédons pas. Si je pouvais juste là, partager tout ce beau, tout cet amour que je touche. Nous montrer notre bienveillance. La beauté de nos errances. La magie de nos retrouvailles. Merci, putain merci ! Je m'aime de me faire vivre tout cela. Les inconforts, les incertitudes, les doutes et j'en passe. Je m'aime tant aujourd'hui de les avoir traversés, d'avoir eu cette force, ce courage. Merci au moindre questionnement qui s'éveille en moi. Merci à la moindre critique, au discernement, aux informations contenues dans nos émotions. Merci à l'intellect, au mental, à mon corps. Merci à cet ensemble qui me compose de chaque jour faire son travail. Atteindre, toucher ce que je touche aujourd'hui c'est d'une telle magie, beauté, puissance.

Cette sensation que rien n'arrêtera cette soif, cette volonté de pouvoir, de savoir. Servir le bien. Incarner l'Amour. Etre sagesse. Tous les tourments ne valent-ils pas d'être traversés pour toucher ces lieux, s'en imprégner et les exprimer dans notre quotidien ? Si c'est cela la folie alors mes ami(e)s soyons fous ! ! Aujourd'hui je porte le monde.. ou est-ce lui qui me porte ? Est-ce moi qui accouche du monde ou est-ce le monde qui accouche de moi ? Il y a une sorte d'équilibre précieux qui c'est installé. Pas vraiment entre un passé et un futur plus en un instant présent. Tout ceci est d'une telle richesse. Aujourd'hui je vous le dis pas une personne sur cette terre n'est plus riche que moi. Je suis incarnation de cette richesse, cette abondance, de cette fulgurance de Vie. Je pourrai mourir d'écrire ces lignes, quel paradoxe. Plus je prends conscience de la Vie plus je renais et plus je meurs. Naître c'est mourir. Mourir c'est naître. Vivre c'est Etre.

Quelle bénédiction de ressentir et vivre tout cela. La mécanique de la vie n'est-elle pas somptueuse ? Je me souviens au commencement de mes méditations j'avais eu en tête le mot « obsolescence » et cela m'avait surprise. J'avais pas vraiment compris pourquoi sa présence. Quelques années plus tard en écrivant ceci je me dis que nous associons l'obsolescence programmée à des objets, mais, et si nous étions aussi, également, programmés pour qu'à un moment nos modes de pensées deviennent obsolètes et doivent s'élargir. Si nous étions programmés à notre re-naissance ? Peut-être qu'il était tout simplement temps que je charge un autre programme.

« Zoé »

En écrivant, je t'observe ma Zoé, jouer dans le jardin, marcher dans cette herbe trop haute, du piano dans les oreilles, il ne peut y avoir rien de plus beau en cette terre que cette image de toi. Cette instantanéité de toute cette poésie que tu portes. Je ne sais pas si ce monde est prêt pour toi mais j'ai conscience de la richesse de ta présence en ce monde et de la chance qu'il a de te porter comme je t'ai porté. Tu es enfant de cette terre avant d'être ma fille, parfois (en fait souvent) penser cela me fait mal puis je réalise la bénédiction d'avoir ce statut d'être ta maman. Merci de m'avoir choisie ma beauté jolie. J'espère être à ta hauteur. Je fais de mon mieux pour te mener à toi et non pas à celle que je voudrais que tu sois. Je fais souvent preuve de tellement de maladresse, d'impatience et dans ces moments je ne lis que de l'amour sur ce regard que tu poses sur moi. Je te demande pardon pour tous les endroits ou tu m'attendras et où je ne serai pas. Pour tout ceux ou je serai et qui te feront souffrir. Je te demande pardon d'être humaine et de parfois trop exprimer l'humain plutôt que l'Etre.

Je suis impatiente par moment de voir l'adulte que tu seras. Ce que j'en aperçois me ravis et m'émerveille tant. Comment t'aider à exprimer cette sagesse, cet amour, cette connexion à ce monde que tu ressens et vis déjà si intensément. T'amener à apprendre, à te questionner pour que tu n'aies pas besoin de la vision des autres pour te définir et que tu puisses librement affirmer qui tu es.

Je voudrais que jamais rien ne vienne te salir, te souiller. Peux-tu mon amour joli protéger cette pureté, cette bienveillance qui émanent de toi. Peux-tu illuminer la noirceur, de ta candeur sans que celle ci n'en vienne à te toucher, à t'entacher. Je sais que je n'ai ni le droit, ni le pouvoir de t'empêcher de vivre les expériences que tu as besoin de traverser pour exprimer, pleinement, celle que tu es. Saurai-je avoir le calme et la paix intérieure nécessaire à te voir te débattre ? Saurai-je garder à l'esprit qu'il ne s'agit pas de toi ou de moi mais bien de « nous » humanité ? Aurai-je le discernement nécessaire pour t'accompagner et te guider ? J'y travaille tous les jours ma chérie mais qu'il est long de sortir de certains mécanismes. J'y arrive c'est encourageant. Tu portes cette finesse de l'esprit qui me réchauffe le coeur.

Si l'amour avait un visage, une forme finie, ça serait toi ma Zoé. J'ai pleinement confiance en tes capacités et tes ressources et je sais que toujours tu seras au plus juste et au plus vrai de celle que tu Es. Que ton essentiel toujours tu exprimeras et que la quintessence toujours tu rayonneras ma fille, mon amour jolie, ma princesse, ma reine. J'espère que ce monde sera à ta hauteur.

« Vibrations »

J'aime la subtilité d'une pensée. Son déploiement. Pourtant, cela s'étiole, comme si je ne pouvais maintenir longtemps cette vibration, ce lieu que j'exprime depuis ce matin. Une lente « redescente ». Comme une envie désespérée de m'y accrocher mais comment s'accrocher à de l'impalpable, à du vide ? Comment maintenir ce qui par essence est fait pour nous échapper ? Reviens, alors, ce sentiment de solitude, comme si je m'étais abandonnée moi-même. Qu'il était doux et salvateur d'être en ma présence, d'être en votre présence. Qu'il faisait chaud au simple contact de cette pensée unifiante, ce tout que nous sommes. Ce UN absolu et immuable.

J'aurai presque l'envie d'écrire qu'il fait du bien à l'âme même si le concept de ce qu'est l'âme m'échappe. Est-ce une impulsion ? S'exprime-t-elle dans un champ magnétique ? Sommes-nous alors bien impulsion électrique ? Sommes-nous les conducteurs, les vecteurs de ce flux ? Est-ce cela l'âme, un flux qui détient une information qui circule en nous et que nous devons déployer ? Tout n'est qu'amour pourtant je ne suis pas certaine de savoir ce qu'est l'amour mais dans ma vision des choses, je vois que tout est amour parce qu'il s'exprime partout en chaque instant. Pour créer il faut aimer. Aimer cette vie. Vouloir l'embellir, l'éveiller, la porter, l'exprimer. L'Amour est création. La créativité en est son vecteur. Nous en sommes le réceptacle. Nous nous déversons dans plus grand, plus large.

« Indolence »

Création, chef-d'oeuvre inabouti à jamais. Nous sommes notre propre errance. Chercheurs assoiffés d'absolu et de vérité nous passons notre temps à nous perdre de vue, nous abandonner. Explorateur des enfers et des paradis nous nous fourvoyons de croyance en croyance. Notre indolence est notre tombeau. Philosophes hébétés. Scientifiques apeurés et pourtant si proche de nous toucher, nous appréhender, nous agenouiller face à notre grandeur.

Dans tous nos travers, dans toutes nos limites, dans toutes nos étroitesses nous rayonnons, nous sommes des philosophes, des scientifiques, des chercheurs, des explorateurs d'exceptions ! ! Courage, volonté, force, sagesse, amour, humilité accompagnent chacun de nos pas, nos mouvements. Nos paradoxes, nos dualités mènent à notre essentiel. C'est en faisant le tour de nous-mêmes encore et encore que nous sommes au plus juste de notre lumineuse obscurité.

« Ecrire...Ecrire...Ecrire »

C'est comme si ma main aujourd'hui ne voulait pas lâcher ce stylo. Comme si ne plus écrire c'était mourir. Je pourrais presque y sentir battre mon coeur. Ecrire c'est respirer. Respirer c'est être en vie. Un peu comme si chacun de ces mots étaient écrits avec ce sang qui coule en moi porteur d'information, de mémoire qui au compte-gouttes prennent vie avec l'encre de ce stylo. Je sais, par expérience, que ma posture du jour peut être reprise, en théorie, n'importe quand. C'est juste qu'aujourd'hui, comme souvent, je ne vois pas clairement le chemin qui m'y a mené. Non c'est faux ! Je vois parfaitement le chemin ! C'est plus le déclencheur de la posture que je n'identifie pas clairement. Est-ce que ce sont les mots impédance et impétuance ? Cela fait, plutôt, parti du chemin. Alors quoi ? Pas de déclencheur particulier ? Dans ces moments il est peut être juste temps d'accoucher ?

Parce que la prochaine naissance est déjà à l'oeuvre. Ne pas avoir peur que tout s'arrête. C'est juste faire de la place au nouveau qui est là et qui s'installe. Chaque naissance donne place à plus grand et plus beau. Oh non, ne pas avoir peur que cela s'arrête. Ce n'est que le début. Je ne suis qu'au début de moi-même, de nous. Suis-je un balbutiement, un doux mélange entre celle que j'étais, celle que je deviens, celle qui Est. Comme si mes journées n'étaient rythmées qu'au fil des allées et venues dans chacune des dimensions que je porte. Je voudrais résonner comme une note de musique, avoir sa sonorité, son harmonie quand elle est cet accord parfait.

« De notre droit d'Etre »

Tout est question de point de vue. Pour bien des personnes je dois juste me torturer l'esprit ou faire de « la branlette intellectuelle » (pour introduire un peu de poésie dans ces lignes !). C'est juste aussi comme analyse. Après c'est pas important de savoir si les uns ou les autres ont raison ou tort à mon sujet.

En même temps j'ai envie de dire, et dans tous ces mots, ces étiquettes, cette analyse, il est où mon droit d'Etre ? Ne sommes nous pas puériles et pathétiques à toujours vouloir nous cataloguer. Trop comme ceci, pas assez comme cela. Comment pouvons-nous vivre ainsi. Comment pouvons-nous espérer, OSER tout simplement n'importe quoi. Il y a pas un moment on s'accorde le droit d'Etre ? Ou l'on porte assez d'amour pour Soi, pour enfin arrêter ces mots assassins, liberticides. Tout jugement est une prison. N'en n'avons-nous pas marre de ces barreaux.

C'est quoi une société, une humanité qui n'ose pas Etre ? Comment créer une société avec un sens éthique si aucun de nous n'ose exprimer son essentiel ?! Ça suffit non de se limiter, se contraindre, s'emmurer. Ouvrons-nous, éblouissons-nous, Soyons !

« Parler ou communiquer »

Il y a peu je ne faisais pas forcément de différence entre ces deux verbes. Ils menaient pour moi au même but. Aujourd'hui, je dirai que parler c'est traduire une info qui a été analysée. Communiquer c'est transmettre une information. Ce qui est de l'ordre de la communication ne se limite, évidemment, pas aux mots. Le spectre de la communication est bien plus large. A chacun de nous de comprendre par quelle discipline il passe pour communiquer. Quel est notre outil et surtout comment l'utilisons-nous !

J'ai toujours eu le sens des mots. J'ai toujours su jouer avec, les utiliser, les manipuler. C'était tellement intuitif que j'ai mis des années à comprendre que j'avais cette capacité avec le verbe. Avec le recul, il m'a bien fallu reconnaître que j'ai passé de nombreuses années à utiliser mon outil de communication pour détruire l'autre, lui faire mal. J'ai longtemps été un « assassin verbal ».

Puis, comme pour chacun un jour une prise de conscience au milieu d'un chemin qu'on ne se rappelle pas avoir commencé. Et cette décision d'utiliser les mots pour guérir l'autre, l'éveiller, l'initier. Lui transmettre, par cet outil plein de richesse, le beau, le bien et le vrai. L'amener a prendre conscience de lui, des autres, de son rapport au monde.

J'ai, donc, toujours aimer les mots, leur force, leur puissance, leur magie et aujourd'hui bien que je les chérisse toujours il me semble qu'il y en a trop. Trop de mots, de définition. Il y en a tant qu'au fil des ans, des siècles nous avons perdus leur sens, leur origine. Ils étaient le savoir, la toute puissance. Celui qui avait le verbe avait accès à ce tout. Ont-ils pu devenir notre prison ? Représenter petit à petit les murs de nos connaissances. S'ériger comme notre prison. Ils nous donnaient accès à tout, permettaient de transmettre ce tout. Nous avons finis par en faire un outil de manipulation. Au lieu de les utiliser pour nous élever et élever l'autre, nous en avons fait quelque chose d'emprisonnant et d'avilissant.

Bien souvent, nous blessons l'autre avec les mots, au lieu de l'enrichir et le guérir de leur force. Avons-nous sacrifier la communication au parlé ? Etre capable de communiquer dans le silence n'est-ce pas tout notre puissance ? Pas besoin de chercher à prouver, à démontrer par des grandes thèses.. juste laisser vivre ce qui est afin que son éclat, sa rayonnance s'exprime aux yeux de tous. J'ai pourtant conscience de l'utilité des mots, du fait de celui de parler. Peut-être faut il juste le faire en mesurant vraiment le poids des mots que nous choisissons.

Si avant de prononcer un mot nous nous demandions « c'est quoi ma véritable intention ? » je pense sincèrement que nous ne prononcerions pas 80% de ce que nous souhaitons dire. Il faudrait vraiment pouvoir faire cet exercice dans une « vérité absolue ». Si j'essaie de retenir quelqu'un est-ce par amour ou égocentrisme ? Si je reste avec toi est-ce par amour ou par peur ? Est-ce par habitude ? Le suis-je pour toi ? Si vraiment nous pensions le moindre mot, avant de le prononcer, un grand silence résonnerait sur terre ou seul l'essentiel prendrait place.

« Cuillère ?? »

Tout me paraît si simple et compliqué à la fois. Il y a comme une infinie douceur dans ces journées rythmées au son du piano, de worakls et de tant d'autres, au rythme des ces pages qui se noircissent. La violence de l'enfermement de mon quotidien s'est atténuée, elle est presque inaudible. Je respire, je suis libre, je me sens en vie. Pour autant, chaque fois que je suis dans ce bien être, il y a cet endroit qui s'allume, cette étincelle qui brille toujours accompagné d'un « si tout n'est qu'illusion ». Toutes ces sensations, ses pensées existent-elles vraiment ? Si ça n'est pas le cas alors: Qui ? Quoi ? Pourquoi ? Comment ? Si l'énergie est porteuse d'information alors l'énergie peut-elle se penser ?

« Origine »

Par moment je me demande si c'est vraiment primordial de connaître l'origine de l'origine. Le premier flux, la première impulsion électrique, le premier son. Si vraiment un jour je le sais ou m'en souviens, alors en quoi est-ce que cela fera avancer tout le monde ? Soit nous serons prêts à l'entendre, soit je serais une hurluberlue. Concrètement cette quête là, cet idéal là, est si personnel. Ne faudrait-il pas déjà travailler à purifier, amoindrir au maximum les remous du corps émotionnel, dépasser l'intellect, ouvrir, décupler son mental. Si déjà nous arrivons à cela peut être serons-nous capables d'entendre l'origine de nos origines. Pour peu que cela soit un but. Quand j'écoute certaine musique, ces derniers temps, je visualise des chorégraphies d'énergies et c'est si beau de voir ainsi la prolongation du mouvement de notre corps physique. De voir qu'il n'y a pas de séparation, que nous sommes infinis, que nous prenons tout l'espace sans limite aucune. Je voudrais crier à la Vie à quel point je l'aime. A quel point je la remercie de tout ce que je vis en son sein. Cette vie est un enchantement de chaque instant pour peu que l'on s'autorise à y voir sa magie, sa beauté. Je voudrais chanter, dessiner, écrire l'éloquence de la Vie. La beauté de ses irrévérences. La douceur de sa semence. La magie de son inaltérence. Etre c'est vivre cette romance. Cette latence de nos inévidences. Le décadence de nos violences. L'impétuance de notre essence.

112

Si « nous sommes » n'équivaux pas à la racine carré de « je suis » alors devons-nous chercher un « vous êtes » ? Réalité et concept. Abnégation et dogme. Evidences et doutes. Puis-je être ce « Je », ce « Nous » et ce « Vous ». Est-ce que nous sommes ? Origine, oublie, mémoire. Flux, vibrations, sons !

« Imposture »

Peut-on être une gageure dans sa propre vie ? Cette impression, ce ressenti que je suis une imposture est difficile à cerner. Qui pense cela ? A quel endroit suis-je une imposture ? Se penser spirituel n'est-ce pas la « preuve » de ne pas l'être ? Et de nouveau qui ? Quelle partie de nous pense, observe cela ? La conscience peut-elle s'auto-observer, s'auto-analyser ? Il est dit que la conscience spiritualise la matière et que du coup il y a évolution dans la forme.

Alors peut-on penser que la matière peut à un moment, s'affiner, s'alléger, s'auto-observer/s'auto-analyser ? Mais si elle s'allège/s'affine reste-t-elle matière ou mute-t-elle en autre chose ? Si oui, en quoi ? Nous sommes faits d'atomes, d'énergies, nous vibrons, nous ressentons, etc, qui ou quoi dans tout cela a des notions d'égoïsme, d'égocentrisme, de solitude, d'élévation, d'évolution ?

C'était si simple au départ. J'étais un « boeuf « et hop je devenais « spirituel » bref une vie réussie ! Mais aujourd'hui tout cela est si compliqué, dans le concept, la pensée, la structure. Chaque questionnement amenait sa réponse. Aujourd'hui chaque questionnement ouvre sur des milliers d'autres. Je ne sais plus par quel bout prendre les choses, plus de début, de fin, de haut, de bas, d'avant, d'après. J'ai l'impression de m'enfoncer de plus en plus dans un épais brouillard et en même temps il y a une légèreté, une bienveillance que je ne ressentais pas avant.

Je ne me sens pas le droit de guider les autres, de les conseiller. Qui suis-je pour le faire ? A me débattre avec mes inquiétudes, mes colères, mon arrogance, mon élitisme, ma méchanceté... Comment peuvent-ils voir en moi quelqu'un de sage ?? Est-ce pour cela que je me vis comme une imposture ? Entre ce qu'ils perçoivent et ma propre vision ou se situe la vérité de celle que je suis. J'aime l'idée d'être un électron libre transportant des informations, permettant leurs échanges. Comment amoindrir plutôt comment marier ce décalage entre la vision de la physique quantique, la physique générale et nos illusions/croyances/mirages ? Et si au-delà de l'illusion si toute notre vie, si toute l'histoire de l'humanité n'était que mirage ? L'illusion est-elle crée par notre intellect et le mirage par notre psyché ?

Tiens et ces mots là « intellect » et « psyché » qui les connait en moi? Qui me les propose à l'instant ou j'écris ? Souvent on me dit qu'il faut que je mette mon cerveau sur pose, que je pense trop... je n'estime pas que la difficulté soit de trop penser mais plutôt de penser correctement. Se poser les « bonnes questions ». Encore que ce soit un concept flou !

A partir du moment ou une question nous vient à l'esprit c'est qu'elle est bonne pour nous, non ? Ne s'agit-il pas plutôt de se poser les question depuis le « bon endroit » ... Si nos interrogations sont émotionnelles alors nos réponses seront au même niveau. Si notre corps émotionnel est important il ne doit pas, je pense, être la source de nos questionnements.

« Se visiter, voler en Soi »

Je voudrais voler à l'intérieur de moi. Découvrir mes recoins. Je me suis tant gaver de connaissances des autres, de leur définition qu'aujourd'hui je régurgite tout cela. Me remplir de moi est une de mes plus belles expériences. Je suis à mon goût. Parfois amer. Souvent acide. Douce en bouche. Voluptueuse en pensée. J'aime mon odeur, celle de l'innocence, de la remise en question, du doute, de l'ouverture. Je pue l'éloquence. Je respire la magie, la Vie. Aujourd'hui je me demande pourquoi et comment aimer ? L'amour certes mais en quel nom ? A quel prix ? Aux yeux de qui ? De notre inadéquation à être heureux. Déjà que porte réellement ces deux mots « être heureux » ? D'ou vienne ces notions. Des atomes pensent-ils qu'ils doivent être heureux ?

« Une idée ? »

Dans cette équation du vivant l'humain est le seul à se questionner sur sa présence et son but, voila une idée qui généralement met tout le monde d'accord. Mais dans le fond qu'en savons-nous ? Qu'est-ce que l'idée d'un concept « purement humain » ? Les animaux se disent-ils « c'est purement abeille, ça ! » ?? D'où nous vient cette sensation, cette impression, d'être si unique en notre genre ? Est-ce vraiment le cas, ou sommes-nous, à nouveau, manipulés par nos illusions de grandeur, de savoir ? Avons-nous à ce point besoin de nous sentir unique et inégalés ? N'est-ce pas précisément en ceci que nous exprimons notre petitesse, notre isolement, notre peur ?

N'est-il pas admis que si pour exister il y a besoin de dénigrer, de piétiner l'autre alors nous ne faisons qu'exprimer notre manque de confiance ? L'humanité manque-t-elle à ce point de confiance et d'amour en elle, qu'elle écrase et piétine le monde qui l'entoure et l'abrite ? De nos faiblesses cherchons-nous vraiment à extraire nos forces ? De notre chaos cherchons-nous vraiment à extraire l'ordre affiné d'un tout qui se sait, se répand et s'étale dans plus subtile, plus poétique, plus élégant.

Manquons-nous à ce point d'amour pour nous-mêmes que nous nous fassions vivre cela ? Aime-toi bordel ! Laisser cette puissance nous envahir et faire en sorte que ce qui est juste prenne place. Quand on y pense l'humanité a été d'une grossièreté et d'un manque de subtilité effarant.

Cela me donne cette impression que tout ce que l'on fait depuis des millénaires en terme d'évolution c'est nous affiner, rayonner plus d'élégance, de poésie, de joie. Avoir la certitude de ne plus avoir de certitude c'est toujours être piégée dans une certitude, non ?

Nous passons notre vie à nous jouer des tours, des farces, nous faire croire que nous sommes à un endroit alors qu'en fait pas du tout. Si je me pense sage, le suis-je vraiment ? Est-ce sagesse que de penser être la sagesse ? Est-ce humilité que de se penser humble ? Est-ce amour que de se penser aimant ?

Nous sommes toujours à réclamer un monde, une vie juste, équitable mais savons-nous seulement être juste et équitable avec nous ? Je suis perturbée par qui en moi pense et écrit ces mots ? Energie, conscience, matière... est-ce possible que cela soit un des trois ou les trois ?

Nous ne sommes pas capable de dialoguer avec les planètes ou les animaux. Qu'est-ce qui nous fait penser cela ? D'où nous vient cette certitude ? Ou plutôt cette arrogance car une fois encore nous sommes « plus » intelligents, évoluer, etc, que les autres règnes et donc nous avons le droit de les exploiter et les malmener. J'en suis à ce stade ou je pense que nos connaissances nous limitent, nous enferment dans un schéma de pensée.

Est-ce que le savoir est forcément accompagné d'une forme de sagesse ? Qu'est-ce que c'est la sagesse dans le fond ? Qu'est-ce que la folie ? Vouloir écrire ce livre, penser qu'il pourra intéresser, prendre ce risque financier est-ce folie ou sagesse ? Est-ce courageux ou irresponsable ? Aujourd'hui je suis bien dans ma vie parce que j'ai pris pleinement conscience de la préciosité de mon choix professionnel. Ma vie me semble d'une richesse absolue. Avoir le luxe de prendre le temps d'écrire, de penser le monde, mon rapport au monde, notre place dans l'univers.

« Symphonie »

Respirer… enfin respirer. Ne plus avoir de certitude, tout interroger, tout questionner avec cette clairvoyance que cela ne sera jamais assez profond, assez haut, assez précis… Et à nouveau au fond de mon esprit vient en premier lieu: « qui suis-je ». En second lieu: « de quel droit » … de quel droit étaler ma pseudo science ? En quoi mon vécu, mon partage, mes expériences auraient-elles plus de valeur ou serait plus juste ou plus teintées de « vérité » que celles de n'importe lequel d'entre nous ?

Nous sommes des notes de musique en quoi ma partition serait plus harmonieuse, plus mélodieuse qu'une autre. Notre symphonie résonne dans l'univers. Le vivant ce sont les notes, la terre la partition, l'univers le chef d'orchestre. Dans cette optique sommes-nous en train de créer, de composer un chef d'oeuvre ? Serons-nous notre propre apogée ? Combien sommes-nous dans cette toile de fond si vaste que l'entièreté de son concept nous est inconcevable ? Combien d'univers et de mélodie au même instant, au même endroit ?

Cela m'est encore difficile de penser, de lier ma pensée concrète et celle plus abstraite. Tout ce que j'écris est très « humain » et en même temps je me dis que si nous sommes atomes et énergie alors cela n'a aucune valeur ou perd sons sens. Ces deux polaritées créent un point de tension en moi, un point de convergence ou tous mes questionnements ne cessent d'aller. Comme si je passais mon temps à m'effondrer de mon propre intérieur. Comme si de l'intérieur mon centre de gravité n'avait de cesse d'aspirer celle que je suis créant un vortex intérieur dans lequel je me perds et me trouve à la fois...

Je voudrais savoir dessiner pour juste là imager cette vision de ma notion de vortex intérieur. Sommes-nous également en « mode » rebond ? Chaque fois que de ce souffle je m'effondre sur moi-même alors en même temps je rebondis. De ces rebonds naissent des fusions, des extensions. Sommes-nous l'extension de pensée d'un univers fini et figé ? Sommes-nous ce mouvement créant notre propre origine ou est-ce l'inverse ? Nous humanité sommes-nous le point figé de l'expérience de la création ? Sommes-nous un virus, un bug, la cellule dont tout naît et meurt ? L'univers est le mental, la terre le corps physique, les règnes du vivant l'émotionnel...est-ce envisageable de reproduire en fractal cela à notre échelle ? Et si un jour vraiment nous obtenons de la compréhension sur tout ce monde est-ce que vraiment cela inclura ou sera accompagné d'une libération, d'un mieux être ? En tant que particule, atome, énergie je contiens tout ce à quoi j'essaie de donner du sens. Pourquoi cet oubli m'est-il si douloureux ? Pourquoi ne puis-je simplement accepter la réalité de ce que je vois ? Comment rendre cela tolérable, acceptable, vivable ? Une partie de moi meurt chaque jour à chaque seconde. J'en crève.

Toute ma souffrance vient du fait que j'essaie d'harmoniser, de redevenir un tout cohérent dans lequel l'Amour s'exprime. Parfois cela me parait impossible, inatteignable. D'autre fois, j'ai presque le goût de ce qu'est cette unité, cette alliance à la Vie, cette romance de l'absolue, cette vivance de l'inconnu. Juste se balader à travers les différents secteurs qui composent notre vie, qui nous composent et dans ce détachement plein de sagesse accepter, tolérer son ignorance, son arrogance. N'est-ce pas folie que de tout vouloir savoir ? Quel prix sommes-nous prêts à payer au nom de la connaissance ? Que sommes-nous prêts à sacrifier ? Ce sacrifice est-il vraiment pour le bien de l'ensemble ?

Je voudrais pouvoir écrire les images que j'ai la devant mes yeux quand je les ferme. Ce balai, cette danse terrestre et cosmique. Puis-je rejoindre ce bal ? Adapter mon rythme ? En ai-je la volonté, le désir, le pouvoir ? Il y a quelque chose de mystique ou plutôt de l'ordre du divin, de cette grâce immuable quand par magie l'alchimie de toutes nos divergences se meut en ce point de toutes nos connaissances. Immuabilité obsolète. Pleurer sur ce que l'on ignore. Pleurer sur ce que l'on sait. Plus je sais moins l'évidence de la simplicité m'apparaît. Plus je pense savoir plus j'ai envie de me taire, de répondre « je ne sais pas ». Parce que dans l'absolu je ne sais pas que je sais. Nous sommes mémoires vivantes d'un univers qui s'oublie et se ré-apprend.

« C'est quoi le plan ?»

Je m'obstine à chercher le commencement, la source et si je prenais les choses a nouveau à l'envers ? Si c'était la fin de notre histoire qu'il me fallait creuser et de cette fin tenir le fil d'un nouveau commencement ? D'une nouvelle histoire ? Peut-être qu'il est impossible de remonter à la source et qu'il est possible de déterminer, notre prochain commencement ? Voir la fin de notre humanité et en simultané voir sa prochaine étape, sa prochaine évolution. Est-ce si crucial de savoir d'où l'on part ? Si je pouvais juste me contenter de savoir qu'il y a eu un « début ». Un premier souffle et de la juste essayer de respirer avec ce tout et en déterminer son prochain mouvement.

Est-il possible qu'il n'y ai pas de plan ? Est-ce que tout ce qui vit à toujours forcement un plan définit à rejoindre ? Le mouvement ne peut-il juste être mouvement aléatoire? Sa course, sa destination est-elle forcement figée dans un plan prédéfinit? Tout comme de notre simple observation nous modifions ce que nous observons, notre mouvance ne peut-elle simplement de bond en bond se matérialiser et se dématérialiser en fonction des rencontres, des résistances qu'elles croisent ? Et si le plan c'était de nous faire « courir » derrière un plan, un but, un sens alors qu'en soit notre simple présence répond et valide tout ceci... ou pas.

Comment serait nos vies, notre société si il n'y avait pas de but, de sens précis ? Serait-ce pire qu'actuellement ? Plus injuste ? Moins équitable ? Est-ce que vraiment cela changerait quelque chose à notre errance actuelle ?

Réussir à penser, en avoir la possibilité, suis-je capable de le faire ? Suis-je capable d'effleurer l'essence des idées, des pensées que je pose ici ? Ai-je cette force, cette témérité, cette volonté, ce courage ? Oserai-je me tenir debout devant vous et vous dire que rien n'a de sens, rien n'a de but si ce n'est la vie elle même ?

« Droit et devoir»

Tu me transportes dans cet univers, ce lieu ou tout est possible. Pourquoi est-ce si dur de se quitter avant de finir par détester l'autre, détester ce nous qui est devenu une prison ou l'un comme l'autre nous mourrons à petit feu. Nous réclamons nos droits, mais, qu'en est-il de nos devoirs !? N'est-ce pas un problème à l'échelle de l'humanité ? Nous voyons, réclamons et défendons fortement nos droits mais qu'en est-il de nos devoirs ? Et moi est-ce que j'honore mes devoirs? Qu'ils soient familiaux, amicaux, sociétaux ? Suis-je ne serait-ce que capable de les lister ? Sorti des réponses faciles du genre: « aimer sa famille, être bonne avec mon prochain », etc. Je ne sais pas pourquoi, juste là, j'associe une notion de sacrifice avec notre devoir. Comme si, définitivement, il ne s'agit pas de ce que je veux mais de ce que je dois faire pour l'ensemble. Nos devoirs sont-ils toujours collectifs ? Je n'en vois pas de personnel. Ha si, il y en aurait ! A mes yeux nous avons le devoir de nous aimer dans tout ce que nous représentons et véhiculons. Le devoir de nous respecter. C'est marrant dans cet ordre d'idée le « je » et le « nous » se confondent dans l'individuel et l'ensemble. Quand le « je » deviens un « nous » qui exprime autant l'ensemble que le UN.

« En visite »

Il y a quelque chose de silencieux et de froid en moi. Ce n'est ni bien, ni mal, juste une observation. Il y a encore beaucoup d'énervement, de colère, d'impatience, d'intolérance mais exprimés sur de beaucoup plus courte période. Autant je pouvais rester des heures, voir des jours, dans ces émotions, autant maintenant, cela dure quelques minutes. J'y voyage au lieu de m'y installer. Je suis en visite mais je n'y reste pas, plus. J'ai monté d'un ou deux étages et je dois dire que la vue y est bien plus belle, large et apaisante.

« Septembre 2019 »

Aujourd'hui je m'aime.

« Vérité »

Toujours rester vigilant sur la notion de vérité. Ne pas la figer. Ne pas l'enfermer. Ne pas l'imposer. Tout comme l'amour son essence s'impose d'elle-même pour le bien commun.

« Réplique »

Nous sommes une réplique de la conscience de l'Univers. La conscience de l'Univers est Vie, expression de Vie, Créatrice de Vie. Elle crée des formes à l'intérieur desquelles d'autres formes pourront évoluer. Elle pose le cadre, détermine la structure des formes qu'elle crée. Nous sommes l'expression d'une de ses structures. Tout comme c'est au paroxysme de son point de convergence, de son point de tension que l'Univers a crée la forme de notre galaxie, peut-être que l'humain a été créé suite à ce même procédé de point de convergence et de tension. Nous sommes l'expression de l'immensité et l'immuabilité d'un absolu. La conscience est-elle le souffle donnant vie au reste de la hiérarchie ou est-elle créé par le souffle ? Mais alors de qui est-elle l'expiration ? Pourquoi ne pas nous penser comme une formule mathématique ? JE (planète terre), répond à NOUS (univers), en expérimentant à travers le NOUS (humanité), le JE (Karine) faisant l'expérience d'elle-même !

Soyons aberrants, fous dans nos pensées sur nos origines, la source de notre création. Dépassons nos limites. Même si erroné, farfelu, c'est pas grave, c'est à force de toucher les confins de notre intelligence que nous toucherons de nouvelles réalités. Nous sommes un système coopératif. Notre pleine puissance s'exprime dans la circulation de l'information, le traitement de données et la coopération à la mise en place du mieux pour tout le système. Notre système n'est que l'expression, la concordance, la répliquance d'un système plus grand dans lequel nous nous inscrivons.

« Interdependance »

Tout système est-il interdépendant ? Comment l'expérience de la Terre (en tant qu'organisme qui respire) répondant à une voie lactée, une galaxie, impact-elle notre expérience en tant que système humain ou plutôt système du vivant sur la terre ? Nous sommes expression cohérente du vivant. Chacun de nous étant à sa juste place, dans sa juste expérience. Il n'y a pas d'échec. L'expérience est réussite quoiqu'il arrive.

L'Amour tue tout ce qui ne permet pas l'expression d'une géométrie parfaite, d'une équation absolue de ce qui EST. L'ordre établi ne peut l'être qu'au nom de cet amour, les lois en sont son essence. Puisque tout est né de la dissolution du tout le métronome de la respiration de l'univers est son expression.

Si nous répondons à un système plus grand, si nous respirons à son rythme, si nous coordonnons notre souffle à lui alors peut-on imaginer l'idée, le concept suivant. Imaginons une pyramide de verre dans laquelle on ne verse pas du champagne mais dans laquelle de l'énergie se repartit équitablement dans chaque verre.

Je reviens à l'idée de la terre polénisée ou étant une cellule d'un plus grand « organisme », sommes-nous le bas de la pyramide de verre, réceptacle d'une énergie cosmique dont la plausibilité de l'existence nous échappe ou nous effraie ? Tout ceci paraît fou, trop perché, peu importe les mots (je précise néanmoins n'avoir pris aucune drogue pour écrire cette partie du livre - ni les autres du reste !). Pourtant plus j'avance et plus je pense que c'est dans ce genre de folie, dans ces mouvements de pensées qui nous amènent à imaginer le plus farfelu qu'un semblant de nouvelles possibilités s'ouvrent. Vrai ou faux est-ce important ? Ne serait-ce que pour la beauté du geste d'essayer d'envisager l'impossible, le flou, le fou cela mérite de s'y attarder. D'observer toute pensée qui sort d'un cadre connu et de se promener en elle, de l'explorer de fond en comble puis de la laisser continuer sa route. Le seul danger dans toute recherche, dans toute exploration étant de figer ce qui est touché en des vérités absolues, des certitudes.

« Même pas peur ! »

Nous assassinons toute forme d'autonomie de pensée. Plutôt que de faire l'effort de comprendre comment quelqu'un a pu développer telle pensée, quel chemin la amené là où il est, d'office on l'étiquette, on le catalogue, on le fuit, on se moque. C'est comme si il y avait aujourd'hui un réseau de pensée autonome souterraine. Ne surtout pas tout divulguer de sa vision, de notre réalité, de l'origine de notre présence. N'y a-t-il pas quelque chose d'indécent là-dedans ? De quel droit certains s'approprient ce qui a le droit d'être dit de nos pensées ? Je rêve d'un monde ou des pensées comme celles partagées dans ce livre pourraient être discutées par tous sans jugement, ou tout à chacun serait libre de l'argumenter, d'y rajouter sa pensée, sa vision non pas dans le but de prouver que c'est fou ou faux mais pour faire évoluer cette vision à quelque chose de plus proche du vrai, du plausible. C'est dans la folie de nos pensées que le « pourquoi » et le « comment » s'exprime et cherche leur chemin a travers chacun de nous.

Cette compréhension est collective ou n'est pas. Nous sommes individuellement une pièce du puzzle, ce n'est que par notre coopération et nos flux d'échange d'information que nous serons a nouveau un tout. Le danger de cette peur du jugement des autres c'est que plus aucun de nous ne partage pleinement et librement la somme de ses expériences avec tous. C'est toujours édulcoré, imagé, comme si la pleine compréhension était un graal réservé a une élite. Notre mémoire, notre raison d'être doit être accessible a tous. L'information ne peut-être le caviar destiné à certain... et en même temps, être capable de garder à l'esprit, qu'au niveau atomique tout ceci est une incongruence à toute épreuve.

« Courage ... Folie.... »

Le courage et la folie sont-ils intimement liés? Il faut du courage pour exprimer ce que l'on sait qui sera jugé, moqué, critiqué... et n'est-ce pas d'une grande sagesse que de le faire quand même parce que le bien commun passe avant le confort personnel. Souvent on se dit qu'on veut une vie tranquille, sans trop de remous, n'est-ce pas pas ça dans le fond la plus grande expression de la folie ? Se limiter à quelque chose d'inerte, de figé. Aujourd'hui je veux, non, je mérite une vie pleine de mouvement, de silence, d'autonomie peu importe le prix il sera toujours moins cher payé que ce quotidien morne, rempli de bien-pensance. Aujourd'hui je n'ai plus peur de voir les représentations de ma réalité, celle de notre monde s'écrouler. J'ai donné les premiers coups de pioche !! Quand cette peur se tait la sérénité s'écoute dans ce silence qu'est l'Amour, avec cette conscience accrue que ce n'est pas monter une marche mais faire un pas, un simple pas de plus.

« Mémoire »

S'il s'agit vraiment de mémoire, si l'ordre de notre présence est dans un premier mouvement de se souvenir, de remonter à notre source pour ensuite évoluer, s'éveiller à une société, un monde plus juste et équitable.

Il est à peu près intégré aujourd'hui, du moins l'idée est acceptée, que nous héritons d'une mémoire collective « réflexe » sur des sujets tel que l'inconfort dans la pénombre, les araignées, etc. Une mémoire sur des ressentis, une connaissance du danger, intuitive dont chaque humain hérite. Gage de ce passé commun. Cadeau de cette grande famille qu'est l'espèce humaine.

Si on s'amusait à pousser ce raisonnement un peu plus loin, un peu plus haut. Nous sommes atomes, cellules. Qu'en est-il de la mémoire d'une cellule ? Un atome garde-t-il « mémoire », trace de son avant rencontre ou fusion avec une autre substance. Si c'est le cas portons-nous la mémoire du big-bang, de son « avant » ? Est-ce pour cela que tous cherchons toujours à donner du sens, un sens à ce quotidien, cette vie, cette présence. Comme une recherche effrénée et désespérée de la raison de ce vivant, de notre lien, notre place avec ce vivant. Est-ce pour cela qu'il est si effrayant d'envisager qu'il n'y avait rien avant, qu'il n'y aura rien après. Comme si nous n'étions qu'un souffle, le murmure d'une respiration plus grande, d'un silence plus présent et qu'à la dernière expiration de l'humanité fin du jeu tout simplement. Expérience faîte. Next. Si l'homo sapiens sapiens n'était qu'une transition, qu'en serait-il si pour réussir ce passage, cette évolution, il nous fallait vraiment retrouver notre mémoire tant au niveau macrocosmique que microcosmique. Unir ces deux extrêmes qui peut-être ne sont que notre réponse mathématique, l'équation parfaite du scindement de notre mémoire. Ces lieux ou le reflet de la vérité est possible, entendable, envisageable.

« Gymnastique »

C'est si effrayant par moment de se dire, d'envisager que tout ceci n'a rien de réel. Moi ici à écrire. Vous à lire ces lignes. Réussir à imaginer que même le livre que vous tenez à la main n'existe pas. Quelle gymnastique du cerveau. Et en même temps, parfois, je trouve cette pensée si belle, si légère.

Elle amène une telle relativité dans nos vies, nos expériences. Parfois, je me demande si toute ces manières de penser, d'envisager notre réalité, notre vie ici bas n'est pas juste une fuite, une manière d'éviter un quotidien, une vie, une société laide et pesante. Et pourtant dans ces pensées il y a aussi des difficultés, des mal êtres, des peurs c'est tout sauf un monde de bisounours que d'accepter ou de penser que l'on ne sait rien, que tout nous échappe. Chaque jour mener une vie, oeuvrer à un ensemble dans le doute permanent de pourquoi et comment faire ce qui est à faire. Remettre sa vie à cette partie de nous qui nous dit « je ne sais pas où on va mais allons-y. Ça va être joyeux. Pas d'inquiétude ». Dans l'expérience tout n'est que réussite, achèvement, libération, évolution. J'avais tellement l'habitude de tout anticiper, de tout prévoir, de toujours savoir ou aller que cette tendance depuis, deux ans, à ne plus rien savoir de tout cela sans que cela n'éveille de la panique ou la peur me paraît bizarre.

Cette sérénité, cette confiance en Soi, en la Vie, en mes capacités est-ce cela être en Paix ? Est-cela la Sagesse ? Est-cela l'Amour ? C'est aberrant quand on y pense de s'étonner de ne pas réagir comme une névrosée ou de manière hystérique !

On a tellement l'habitude de se maltraiter que quand on prend soin de soi et qu'on se cajole ça nous parait étrange. Quelle ironie! Aujourd'hui quand je vois des personnes se faire mal parce qu'elles ne sont pas à leur propre écoute je réalise la violence que nous nous infligeons au quotidien. Je suis heureuse d'être Maitre de ma vie ou plutôt d'écouter, de m'être soumise à mon Maitre intérieure. Je suis heureuse parce que cela m'a connectée à mon pouvoir, celui que j'ai dans ma vie, et à ma puissance de décision. Il y a aujourd'hui quelque chose d'inébranlable en moi, une posture intouchable, du bien, du beau et du vrai. Je m'accompagne enfin. Je me suis trouvée, tendue la main, je me suis souris, aveuglée, faite pleurer, aimer... Plus j'ai fait cela, plus je suis allée vers moi, plus les autres se sont éloignés de moi. Certains se sont rapprochés, d'autres complètement disparus et de ceux qui sont proches ce jour il est, malgré tout, courant de dire « que je suis dans mon monde ».

Au début cela me paraissait juste mais plus maintenant. Il n'y a pas deux mondes qui s'affrontent. C'est notre monde avec des nuances de perception à l'intérieur. Nous vibrons tous au même diapason mais pas forcement sur la même fréquence.

« K.O. »

Lâcher le confort d'une vie pourrait s'apparenter au départ à lâcher un confort matériel et pourtant il me semble que le plus ardue est de lâcher le confort de nos pensées, nos croyances. Qu'est que ça appelle en nous de chercher à faire cela ou plutôt de réaliser que c'est ce que nous sommes entrain de faire avec tous les uppercuts que l'on se met. J'ai souvent pensé que la vie m'avait mise K.O. mais en fait je me suis mise à terre toute seule tant de fois. La vie ne nous fait rien. Elle nous permet d'expérimenter dans les meilleures conditions ce que nous cherchons à affuter, à épurer. C'est bien notre résistance, notre impédance qui rend ce travail difficile puisque nous l'abordons émotionnellement et rarement scientifiquement (au départ).

« Illusions »

La limite entre nos certitudes, nos convictions et nos croyances est tenue. Je ne suis pas certaine de bien en faire la différence en permanence. A quel moment une simple idée, pensée, devient une croyance, une vérité absolue, figée et figeante. Les étapes avant la croyance sont-elles forcement les convictions, les certitudes. Qu'en est-il des principes? Sommes-nous obligés d'avancer de croyance en croyance? Penser ne pas avoir de croyance, certitude ou conviction n'est-ce pas être enfermé dans une croyance? Ou une illusion sur notre liberté de penser? N'est-ce pas l'illusion de notre indépendance de pensée? De la liberté des connaissances, du savoir? Si nos représentations ne sont qu'illusions alors que sommes-nous? Quels choix, quelles libertés avons-nous vraiment dans un monde dont nous ignorons les limites, le fonctionnement, la mise en oeuvre. Accepter la totale illusion de la représentation de nos vies renvoi à un vide sidérale, inter-galactique (même ces mots ne sont que représentation, modèle de pensée, référentiel...) JE est un autre ... qui est l'autre en nous... Est-ce le « je » qui est illusion? Si « je » est illusion alors l'autre peut en être une également? Deux illusions qui fusionnent peuvent-elles créer un tout réel?

« 3eme voie »

Comment dépasser nos référentiels? Comment accepter sereinement l'évidence de notre ignorance? Sommes-nous impuissant ou au contraire tout puissant dans notre création? Sur quoi construisons-nous nos vies? Quelles en sont les vérités? Est-il possible de tout lâcher? De voir s'effriter, s'effondrer la moindre de nos croyances et continuer? Quel sens donner alors à cette continuité? A quoi oeuvrons-nous?

« UN »

Le mental est-il un flux électromagnétique? A-t-il une géométrie? A quoi nous sert de développer, ouvrir notre mental abstrait si l'intelligence seule nous fait oeuvrer au bien commun? Est-ce une autre notion, une autre formule que l'unité, l'unisson que nous touchons par le mental abstrait? Est-ce autre chose, de plus profond, que ce UN absolu qu'il nous faut explorer à travers lui. Peut-il être contenu et contenant? A la fois l'information et la source de compréhension? Le mental peut-il être flux et en même temps respiration et/ou souffle? Respire-t-il seulement? Une profonde conviction ou certitude que l'Univers respire par et à travers nous. L'univers est comme une symphonie, faites d'accord, d'harmonie géométrique et mathématique. La forme parfaite à l'expression d'un amour intelligible.

« Dessins »

Un jour Zoé m'a demandé : « qui a dessiné l'Univers ? Et est-ce que c'est lui qui nous a dessiné?» Ces images me sont apparues très poétiques, pleine d'élégance. A qui faisons-nous allégeance? Faire don de Soi mais a qui?

A quoi ? Cette sensation vaporeuse ou plutôt de l'ordre de « tout peut s'évaporer en un claquement de doigt » est tenace, présente, omniprésente restera à définir ce qu'est le vide. En dessin le vide est une forme à également dessiner, inclure entre les autres formes. Sinon le vide c'est également l'endroit ou les particules, non les atomes, circulent. Il y a un lien entre ces deux visions. Un atome est-il une forme? Ou circule-t-il dans la forme du vide ? Si le vide est une forme alors peut-on dire que le vide n'existe pas en tant que tel mais s'exprime ou plutôt, crée l'espace dans lequel sa propre forme se meut et dans lequel les autres formes prennent vie?

L'Amour s'exprime-t-il dans la vacuité de la prise de conscience de notre inexistence? La magie opère-t-elle dans ce vide cosmique ou tout n'est qu'un et multiple à la fois...

« Ethique »

Qu'il est difficile d'avoir des pensées éthiques ! Peut-être que c'est cela que le mental abstrait nous amène... de l'éthique dans la manière de traiter, traduire les informations. Quelque chose de plus épurée, de plus net et précis. Une forme qui toucherait de l'essentialité des idées véhiculées et de leurs applications. Comment les mettre en place de manière éthique et pure. Est-ce le rôle du mental abstrait? Est-il un outil ou est-il au delà de cela? Pure parce qu'abscons d'émotions? Ethique parce qu'au nom de l'ensemble? De l'unité absolue? Une vision épurée de qui ? De quoi ? Sur quel plan faut-il se défaire des codes moraux sociaux pour toucher cette esthétique, cette éthique de la pensée du coeur?

« Eureka! »

J'ai enfin compris pourquoi on dit que l'univers est géométrique. C'est du aux mouvements des planètes (leurs orbites) entre elles, cela créent des belles formes asymétriques et géométriques.

J'ai également compris pourquoi il est dit que le simple fait d'observer quelque chose modifie ce qui est observe.

C'est du à l'interaction des photons, entre notre vision et ce qui est observé, qui quand ils sont en contact se modifient.

Je peux donc, avec une certaine assurance, dire qu'entre le début de ce livre et sa finalisation j'ai acquis plus de connaissance. De la connaissance, pas du savoir.

« Inconnu….ou pas »

« Je peux t'accompagner dans ton silence? » ,Yoann
« Je te laisse finir mes émotions », Valerie
« Laisse-moi être au bord de ta vie », Justin
« Je me suis pris les pieds dans ton coeur », auteur inconnu
« Cueillir une fleur c'est gratuit? Non, elle le paie de sa vie », Zoé
« Maman je t'ai toujours aimé, je t'aimais même avant de te rencontrer », Zoé

«A une prochaine »

J'espère que ces lignes vous aurons données l'envie de vous rencontrer. De vous aimer. De vous pardonner. De vous accueillir pour ce que vous Etes. J'espère qu'à chaque fois que vous trébucherez, dans la bienveillance, vous vous regarderez à terre et que vous vous trouverez beaux dans vos hésitations, vos doutes, vos peurs. Rencontrons-nous dans nos errances et reconnaissons-nous pour ce que nous sommes. A une prochaine, au détour de nos vies.

INDEX